Arndt Beck / Markus Euskirchen

Die beerdigte Nation

›Gefallenen‹-Gedenken von 1813 bis heute

Bibliografische Information der Deutschen Bibliothek
Die Deutsche Bibliothek verzeichnet diese Publikation in der Deutschen Nationalbibliothek; detaillierte bibliografische Daten sind im Internet über http://dnb.ddb.de abrufbar.

Wir danken dem Museum Neukölln für einen Druckkostenzuschuß, Oliver Gretscher für Layout und Gestaltung sowie Marlis Kaltenbacher und Helmut J. Psotta für wertvolle Hinweise.

Website zum Buch mit weiteren Informationen:
http://www.arndtbeck.com/nation

Niemetzstraße 19
12055 Berlin (Neukölln)
www.karin-kramer-verlag.de
Zweite durchgesehene Auflage 2010
Layout/Gestaltung: Oliver Gretscher
Gesamtherstellung: Digitaldruck leibi.de, 89233 Neu-Ulm
ISBN 978-3-87956-334-0

Arndt Beck / Markus Euskirchen

Die beerdigte Nation

›Gefallenen‹-Gedenken von 1813 bis heute

Karin Kramer Verlag Berlin

Für Helmut

Inhalt:

Wird mehrfach hintereinander aus derselben Quelle zitiert, folgen die Hinweise nach dem letzten Zitat. Hervorhebungen (gesperrt, kursiv, unterstrichen) folgen – soweit nicht anders vermerkt – den Quellen, werden aber einheitlich kursiv wiedergegeben. Ausnahmen bilden einige unzweckmäßige Hervorhebungen in Zeitungsartikeln. Auf ihre Wiedergabe wurde stillschweigend verzichtet – ebenso lautlos wurden offensichtliche Rechtschreibfehler korrigiert.

Erinnerung ist keine gemütliche, badewasserlaue Annehmlichkeit, sondern ist eigentlich immer ein Graus, eine Zumutung und eine einzige Kränkung der Eigenständigkeit. Und zwar deshalb, weil wir ja keine Kontrolle über das, was schon passiert ist, haben, weder als Einzelne noch als Mitglieder einer Gruppe. Erlebtes wurde von außen herangetragen, ist verinnerlicht worden, ist gefährlich, kann sich als Widersacher aufführen. Darum haben wir die Nostalgie erfunden, d.h. den Kitsch der Erinnerung, die Verklärung, mit der wir so gern Blut, Schweiß und Kotze der wirklichen Gedächtnisprodukte verpacken.

Ruth Klüger

Markus Euskirchen – Mehr als ein Vorwort

Die *Neue Wache* und das geplante Ehrenmal für die Bundeswehr am Bendlerblock: Militärrituale und Räume der Militarisierung

I.

In den frühen 1990ern stritten sich schon einmal ErinnerungspolitikerInnen, (Kunst-)HistorikerInnen und die üblichen öffentlichen Intellektuellen: anläßlich der Umgestaltung und Wiederinbetriebnahme der *Neuen Wache* in Berlin. Rekonstruiert und mit einer vergrößerten Variante der Kollwitz-Skulptur *Mutter mit totem Sohn* im Innern sollte das Gedenken dort nach der Vereinigung ›Den Opfern von Krieg und Gewaltherrschaft‹ gelten.

Die *Neue Wache* war ursprünglich 1818 nach einem Entwurf des preußischen Hofarchitekten Karl Friedrich Schinkel als repräsentative ›Haupt- und Königswache‹ enstanden, mit schlachtenlenkender Siegesgöttin Nike auf dem Giebelfries. Historischer Kontext war die Wiederherstellung preußischer Landeshoheit und Militärmacht nach der napoleonischen Besatzung. Die *Neue Wache* war also ursprünglich architektonischer Ausdruck neuer Souveränität und kriegsverherrlichendes Siegesmonument.

In der proto-faschistischen Endphase der Weimarer Republik erfolgte dann 1931 die erste Umwidmung zum (preußischen) Ehrenmal für die Gefallenen des Ersten Weltkriegs – mit gold- und platinbelegtem Silberkranz auf einem zwei Meter hohen Sockel aus schwarzem Granit. Dieser Kranz liegt heute nebenan im Deutschen Historischen Museum. Bis zum Ende des Dritten Reichs marschierte die Wehrmacht auf. Nicht genügend kriegszerstört, wurde das Gebäude in der DDR wieder aufgebaut und – Umwidmung Nr. 2 – 1960 als Mahnmal ›Den Opfern des Faschismus und Militarismus‹ zugeeignet. Anläßlich des zwanzigjährigen Bestehens der DDR kamen 1969 eine ewige Flamme, die sterblichen Überreste eines unbekannten KZ-Häftlings und eines unbekannten Soldaten hinzu.[1] Damit war die Ornamentik für das DDR-Militärritual komplett: Bis zur Vereinigung im Jahre 1990 standen tagsüber zwei Soldaten des Wachregiments Friedrich Engels als Ehrenwache stramm und mittwochs sowie samstags marschierte darüberhinaus eine Ehrenformation hin und her. Umwidmung Nr. 3 dekretierte schließlich der ›Kanzler der Einheit‹. Helmut Kohl ließ 1993 die extra dick aufgeblasene Replik der Kollwitz-Skulptur nach ›seinem Ebenbild‹ errichten, die oft auch als *Pietà* bezeichnet wird: In der bildenden Kunst

[1] Ein (Neo-)Nazi-Lexikon behauptet, es handele sich dabei um einen 1945 bei Görlitz ›gefallenen‹ unbekannten Wehrmachtsoldaten. Reinhard Pozorny (Hg.), Deutsches National-Lexikon, München 1998, S. 216

wird die Darstellung Marias als Mater Dolorosa mit dem Leichnam des vom Kreuz abgenommenen Jesus Christus so genannt. Zusätzlich wurde der Innenraum nach dem Vorbild des Kriegerehrenmals von 1931 rekonstruiert. Unregelmäßig, aber anlaßbezogen häufig kommt es seitdem zu Kranzniederlegungen durch Politiker – auch unter Anwesenheit sogenannter Ehrenwachen der Bundeswehr. Die Inschrift auf dem Boden widmet die *Neue Wache* ›Den Opfern von Krieg und Gewaltherrschaft‹. Linke kritisierten die totalitarismustheoretische Nivellierung und die Opferisierung von Tätergruppen in der Gedenkformel und hoben auf den in der Vergrößerung der Plastik zum Ausdruck kommenden neuen Größenwahn eines erneuerten, wieder souveränen Deutschlands ab. Die Botschaft, die trotz aller Kritik von der *Neuen Wache* ausgeht, ist klar: Alle waren Opfer – auch ›wir‹. Krieg und Gewaltherrschaft: ›böse‹, ›wir‹, die wir zur Not auch mit Militär und Gewalt gegen Krieg und Gewaltherrschaft vorgehen: ›gut‹. Die *Neue Wache* ist das Mahnmal und Siegesmonument der nach Innen und Aussen »wehrhaften Demokratie«[2] für die ›wieder‹-vereinigte Bundesrepublik Deutschland.

II.

Heute, 15 Jahre nach Umwidmung der *Neuen Wache* und Aufstellung der ›Mutter‹, hat sich das erinnerungspolitische Diskursfeld verschoben: Die Bundeswehrführung bereitet den Bau einer speziellen Halle für ihr eigenes Totenritual vor. »Ehrenmal der Bundeswehr« nennt sie ihren Beitrag zur Berliner Mahn-, Denk- und Ehrenmal-Landschaft. Offensichtlich fehlt der Berliner Republik etwas, das bisher nicht so richtig passte, zumindest nicht explizit: Ein Ort militärischen Gedenkens. Und den braucht die Bundeswehr ganz um die Ecke, einmal *Unter den Linden* hinunter und über den Potsdamer Platz zum Sitz des Verteidigungsministeriums im sogenannten Bendlerblock (ist hier die Prozessionsroute kommender Fackelmärsche vorweggenommen?). Dort, am Bendlerblock, von wo aus verschiedene Abteilungen der Wehrmachtsführung den NS-Vernichtungskrieg geplant und durchgeführt hatten, der gedächtnispolitisch heute aber nur noch für den gescheiterten aber gerade deswegen märtyrer- und heldenhaften Offizierswiderstand gegen Hitler steht, wird es gebaut: das – wie es formal ausführlich heißt – »Zentrale Ehrenmal für die Gefallenen der Bundeswehr«. Damit bereitet die Bundeswehrführung die Grundsteinlegung für wehrhaftdemokratische Heldenproduktion vor.

[2] Mit dem Begriff der »wehrhaften Demokratie« legitimieren Konservative und Autoritäre weitreichende staatliche Eingriffe in die Menschen- und Bürgerrechte. Ihr Argument lautet: Die Demokratie muß sich gegen ihre Feinde mit allen Mitteln wehren dürfen, damit sie als Demokratie bestehen bleibt. Besondere Konjunktur hatte diese Argumentation in der Debatte um die Notstandsgesetze in den 1960ern und bei der Bekämpfung der RAF.

Der Baubeginn ist bereits erfolgt. Die Bundeswehr präsentiert ihr Bauvorhaben in einer zwölfseitigen Projektdarstellung. Dabei fällt zunächst der würfelförmige Felsblock aus Nagelfluh, einem rohen Naturstein, auf. Er steht zentral in der sogenannten *cella* (der Begriff *cella* bezeichnet seit der Antike den verborgensten, abgeschlossensten Raum eines Tempels, also das innerste *Heiligtum*). Der nicht zu übersehende Bezug zur *Neuen Wache* besteht schon in der architektonischen Grundanlage: Tempelartige Halle mit Deckenlicht über dem Mahn- / Gedenkobjekt. Aber zurück zu dem Block aus dunklem Nagelfluh mit seinen glitzernden Einsprengseln: Er läßt sich ohne Mühe als Zitat des schwarzen Granitsockels der *Neuen Wache* in der Heldengedenkversion von 1931 lesen. Nagelfluh stammt aus den Alpen. Eine Assoziationskette führt hier über die Alpenfestung (dem imaginären letzten Rückzugsbollwerk in den NS-Planungen gegen Kriegsende) zu den Gebirgsjägern: Letztere sind für ihre Verbrechen im Zweiten Weltkrieg bekannt, die alten Kameraden feiern ihre Helden bis heute jährlich in Mittenwald – gemeinsam mit den neuen Gebirgsjägern der Bundeswehr. Diese wiederum bilden nicht etwa eine Folkloretruppe, sondern eine der Spezialeinheiten, mit denen die Bundesregierung besonders gerne ›am Hindukusch‹ und in aller Welt in den Krieg zieht. Heldenverehrende Gebirgsjäger werden sich in der Nähe des Nagelfluhs zuhause fühlen.

Der Entwurf sieht doppelt verschiebbare Wände und Türen vor. Je nach Gelegenheit einmal offen zur Straße – sozusagen für die Laufkundschaft, dann wiederum offen zum Aufmarschplatz, »geöffnet mit großer Geste«[3]. Schon 1953 prophezeite der sozialdemokratische Bürgermeister West-Berlins, Ernst Reuter, zur Einweihung des Ehrenmals für die Opfer des 20. Juli 1944 im Innenhof des Bendlerblocks: »Einmal wird hier in Berlin ganz Deutschland versammelt sein, und das ganze Deutschland wird diese Stätte als nationales Heiligtum von uns übernehmen.«[4]

Die ganze Anlage des Entwurfs wirkt tatsächlich wie eine überirdische Krypta. Die Bühne für das deutsche Militärritual wird damit komplett. Schon heute finden mehrmals wöchentlich auf dem Hof hinter dem Bendlerblock, wo auch das Ehrenmal stehen wird, größere und kleinere Empfänge ›mit militärischen Ehren‹ statt. Dort wird nun der Truppenkörper durch die Anwesenheit auch noch der Toten endlich unsterblich vereinigt. Das Äußere, die Oberflächenbeschaffenheit der Hülle, soll aus Metall gestaltet sein. Was aus der Ferne wie ein bronzenes Tarnnetz aussehen könnte, soll beim näheren Hinschauen als unbestimmbare Menge ausgestanzter Halbovale erscheinen. Diese lassen militärische Erkennungsmarken assoziieren – aber eben nicht in ihrer identifizierenden Funktion, sondern ent-

[3] Vgl. Bundesministerium der Verteidigung, Planungsstab (Hg.), Das Ehrenmal der Bundeswehr, Berlin 2007, S. 8

[4] Senator für Sozialwesen und Presseamt des Senats von Berlin (Hg.), Ihr trugt die Schande nicht – Ihr wehrtet Euch, Berlin (West) 1953, S. 10

personalisiert, denn die Form ist ausgestanzt, nur die Umrissnegative der ›Hundemarken‹ sind zu sehen und eben keine Erkennungsmarken mit individuellen Datensätzen. Mit Verweis auf das Vietnam Veterans Memorial in Washington D.C., auf dem die Namen der knapp 60.000 offiziellen Toten der US-Armee eingraviert sind, wurde kritisiert, daß gemäß diesem Entwurf kein individuelles Gedenken stattfinden könne. Aber die Produktion vieler kleiner quasi privater Familien-Helden ist eben auch nicht der Zweck der Anlage (ganz abgesehen vom praktischen Problem, dass irgendwann auch gar kein Platz mehr für neue Namen wäre ...).

Weltanschaulich nimmt der Entwurf Anleihe im Heideggerschen Begriffsapparat, so ist in der Bundeswehr-Broschüre die Rede vom »Wesensvollzug des Bauens« als des »Errichtens von Orten durch das Fügen ihrer Räume«[5]. Die Anregung hierzu kommt wohl von der Münchener Architekten-Crew und hat der Bundeswehr so gefallen, daß sie die Formel auf zwölf Seiten zweimal komplett zitieren. Dem Geheideggere und seiner begrifflichen Verdunklung entspricht die Architektur: Die *cella* tunkt alles dunkel in Trauer. Und tatsächlich ist das ganze Vorhaben (Stichwort: Heldengedenken und -verehrung) geeignet, die Funktionalität von Militär und Gewalt in der Politik zu verdunkeln. Zweck der Anlage ist die Produktion des kollektiven, entpersonalisierten, militärischen Nationalhelden. Und damit die übergreifende Sinnproduktion für militärisches Töten und Sterben im Namen Deutschlands.

III.

Licht in das begriffliche Halbdunkel bringt eine Vermessung des Raumes, der durch das geplante ›Ehrenmal‹ *gefügt* werden soll: Ihn bestimmen die historischen und kontextuellen Achsen, auf denen die Fügung angelegt ist und die diese Fügung erst nötig machen. Repräsentative Architektur ist tatsächlich verdinglichte, materialgewordene Verdichtung ihres historischen und politischen Kontextes. Was ist der Kontext, in den hinein die Bundeswehr neben der *Neuen Wache* einen eigenen, zentralen[6] Gedenkort für *alle* ›ihre Gefallenen‹ haben will oder gar braucht und haben muß?

Eine Determinante bildet der Wunsch nach ›Normalisierung‹ der Deutschen als Nation nach 1989. Die Bundeswehr-Werbebroschüre stellt selbst diesen Zusammenhang her: »Seit Gründung der Bundeswehr im Jahr 1955 sind mehr als 2.600 ihrer Soldaten im Dienst ums Leben gekommen; seit 1990 haben 69 Soldaten ihr Leben im Auslandseinsatz verloren.

[5] Bundesministerium, Ehrenmal, S. 7 und 10

[6] Denn die Truppenteile Heer, Luftwaffe und Marine haben schon seit langem ihre je eigenen bundesweiten Ehrenmale in der ›Festung Ehrenbreitstein‹ in Koblenz, vor dem ›Fliegerhorst‹ Fürstenfeldbruck und in Laboe (dort auch noch zusätzlich das U-Boot-Ehrenmal Möltenort).

Bei unseren Partnern und Verbündeten gehört das ehrende Gedenken an Soldaten, die für ihren Einsatz mit dem Leben bezahlt haben, zur kulturellen Identität.«[7] Es folgt der Hinweis auf die Beispiele Paris und Rom. Dort gehören die religiös überhöhten Militärrituale tatsächlich zum Alltagsgeschäft. Die Botschaft lautet: Heldenproduktion im Gewande der militärischen Trauerrituale könne und müsse nun auch in Berlin ›normal‹ werden.

Nebenbei: Einen weiteren Baustein dieses Normalisierungsprozesses bilden die großen, vom Anspruch her öffentlichen Rekrutengelöbnisse jährlich am 20. Juli. Diese Militärrituale finden seit 1996 in Berlin statt. Oft werden ausländische GastrednerInnen eingeladen, denn gerade wenn es ums Einschwören deutscher Rekruten auf die gegenwärtigen und künftigen Kriege geht, läßt man sich gerne von hohen Repräsentanten, z.B. der polnischen (2002) oder französischen (2003) Nachbarn oder sogar des Zentralrats der Juden in Deutschland (2001), Absolution erteilen. Die Suche nach einem Standort verlief weniger reibungslos als die Akzeptanz bei den Nachbarregierungen: Über ein Jahrzehnt begegnete diesen Veranstaltungen Widerstand auf der Straße.[8] Die öffentlichen Räume vor dem Charlottenburger Schloß (1996) und dem Roten Rathaus (1998) konnte die Bundeswehr nicht zu ihrer Zufriedenheit militarisieren. Es blieb beim jeweils einmaligen Versuch. Aber sie hielt durch und fand ab 1999 ihren Rahmen auf dem Exerzierplatz hinter dem Bendlerblock, genau dort, wo jetzt durch das Ehrenmal die Bühne aufgemotzt werden soll – pimp my Bendlerblock. Heute, da die Proteste gegen diese Gelöbnisse (GelöbNix) ausgestanden scheinen, wagt sie sich vor den Reichstag, zwischen Kanzleramt und Bundestag. Dort, wo eine Armee hingehört, die von der Regierung losgeschickt wird und deren Kriegseinsätze regelmäßig und (partiell mehr oder weniger zerknirscht, aber grundsätzlich unkritisch) vom Parlament abgenickt werden.

Nicht weniger relevant ist – zweitens – die Achse der materiellen Remilitarisierung deutscher Aussenpolitik. Sie begann 1991 mit der Bereitstellung eines ganz zivilen Militärkrankenhauses in Kambodscha (schon damals gab es einen toten Soldaten). Ab 1992 lief die »Salamitaktik«[9] der Ausweitung der Einsatzintensität in kleinen Scheibchen. Verteidigungsminister Rühe erklärte 1994 im Zusammenhang mit den Kämpfen auf dem Balkan in der Tagesschau: ›Wir machen alles, was die anderen auch machen ...‹ Das war nicht geblufft, die Bundeswehr ist inzwischen überall mit von der Partie: bei der völkerrechtswidrigen Bombardierung Serbiens, in Truppenpuffs mit Minderjährigen im Kosovo, bei neo-kolonialen EU-Einsätzen in Af-

[7] Bundesministerium, Ehrenmal, S. 4

[8] Vgl. ausführlich zur Funktion und Funktionsweise von Militärritualen und zu den Protesten dagegen vor allem am Beispiel der Rekrutengelöbnisse der Bundeswehr: Markus Euskirchen, Militärrituale – Analyse und Kritik eines Herrschaftsinstruments, Köln 2005

[9] Ursprünglich ein Kampfbegriff des oppositionellen Joschka Fischer, dem es allerdings kein Problem bereitete, den Prozeß der Remilitarisierung als Außenminister selbst weiter zu führen.

rika und verdeckten, jedoch inzwischen offen-geheimen Einsätzen der KSK in Südafghanistan, wo die ›Koalition der Willigen‹ regelmäßig ganze Dörfer kollateral-unschädlich macht, bei der Folter sogenannter irregulärer Kämpfer in den extra-legalen Lagern und Gefängnissen der Protektorate (belegt z.B. im Fall von Murat Kurnaz) und bei der Erschießung von wehrlosen Schafhirten und Frauen und Kindern[10] an Kontrollpunkten in ihrer Besatzungszone in Nordafghanistan.

Drittens bilden die gegenwärtigen Prozesse kapitalistischer Globalisierung eine maßgebliche systemische Achse – mit ihren kaum vorhersehbaren Dynamiken permanenter Krisenhaftigkeit und der ökologisch und sozial zwar destruktiven, aber umso erfolgreicher verwertungsorientierten Logik einer an exponentiellem Wachstum orientierten Wirtschaftsweise. Konkreter: Derzeit ist die Herausbildung eines neuen Regulationsregimes zu beobachten. Neoliberaler Kapitalismus geht einher mit staatlicher Transformation: Der ökonomische Druck auf alles und jeden führt auch in den demokratischen Gesellschaften zu immer mehr Ungleichheit. Damit erodiert in weiten Teilen der Bevölkerung die materielle Basis, die Bereitschaft und die Fähigkeit zur tatsächlichen Teilhabe und Mitbestimmung. Hinzu kommt: Jedes sogenannte Sicherheitspaket schränkt die individuellen Freiheitsrechte und Schutzrechte gegen den Staat ein und höhlt so die demokratische Substanz weiter aus. Die Regierungen mit ihren riesigen bürokratischen Apparaten geben die grundsätzliche Richtung vor. Der massenmediale Verlautbarungsjournalismus bildet die vorgegebenen Diskussionen ab und konkurriert mit den Anbietern der Zerstreuungsindustrie. Die politischen Beteiligungs- und Kontrollinstitutionen (Parlamente und Gerichte) sorgen für die formale Zustimmung. Demokratie reduziert sich auf das reibungslose Zusammenspiel der unterschiedlichen Herrschafts- und Legitimationsinstitutionen.[11]

Mit dem Ende der Blockkonfrontation wurde das Ende der Geschichte ausgerufen, keine andere Welt schien mehr möglich. Diese Verschiebung der Regulationsweise vom sozialstaatlich abgefederten Kapitalismus hin zur militärisch-polizeilichen Einhegung aller sozialer Konflikte war angesichts ihrer Konkurrenzlosigkeit auf der Ebene der großen geopolitischen Machtblöcke zur realistischen Option geworden. Zum Ausdruck kommt diese Tendenz außenpolitisch (wie gezeigt) *und* innenpolitisch[12]: Dabei bilden Diskussionen um polizeiliche Folter oder den Abschuß ziviler Flugzeuge nur einzelne Gipfel eines ganzen Eisgebirges, ebenso die komplette Militarisierung des Polizeieinsatzes zum Wirtschaftsgipfel in Heiligen-

[10] Die beiden Fälle ereigneten sich im August 2008 und bildeten die ersten offiziell eingestandenen zivilen Opfer der Bundeswehr.

[11] Johannes Agnoli und Peter Brückner prägten für diesen Reduktionsvorgang in ihrer ›Transformation der Demokratie‹ schon vor 40 Jahren den Begriff der ›Involution‹.

[12] Vgl. Editorial und Schwerpunkt von *Prokla 152*, Berlin, September 2008: ›Politik mit der Inneren (Un-)Sicherheit‹; http://www.prokla.de/archiv/archiv152.htm

damm, die Kriminalisierung ganzer sozialer Bewegungen mit Hilfe des Terrorismusparagraphen 129a und auch die immer häufiger völlig überzogene Polizeipräsenz und die damit verbundenen Einschüchterungsversuche im Rahmen von Arbeitskämpfen.[13]

IV.

Konsens für Regierungsfähigkeit in Deutschland ist die aktive Teilnahme am Wettkampf der nationalen Standorte (früher hieß eine vergleichbare Konstellation ›innerimperialistische Konkurrenz‹; historische Ähnlichkeiten mit der Epoche der Kanonenbootdiplomatie Ende des 19. Jahrhunderts ließen sich diskutieren), bei der Sicherung von Rohstoffgebieten, bei der Öffnung von Märkten und bei der weltweiten, in letzter Konsequenz gewaltsamen Durchsetzung der eigenen Standards. Entlang der hier skizzierten kontextuellen Achsen (nationale Normalisierung, Remilitarisierung, Transformation der kapitalistischen Regulationsweise) läßt sich nun die Funktion des ›Ehrenmals‹ rekonstruieren: Es geht um die Ehre der Toten nur in einem sehr instrumentellen Sinne. Recht eigentlich geht es um die symbolische Herstellung von Kriegführungsfähigkeit. Die deutschen Regierungen wollen ganz normal vorne mit dabei sein, sie können (und wollen) sich nicht mehr freikaufen, wie noch zu Zeiten des aus heutiger Sicht fast niedlich anmutenden Westdeutschlands.[14] Militäreinsätze als politische Option sollen integraler Bestandteil von Regierungstätigkeit sein. Daher wird es also Tote geben. Und zwar mehr und mehr Tote. Damit das kollektive Gewissen der Deutschen dies erträgt, müssen diese Toten opferisiert und verheldet werden, und zwar als ›Die Toten *unserer* Bundeswehr‹, so das geplante Menetekel an der Wand des Ehrenmals (Hervorhebung M.E.).

Dabei muss klar sein, worum es geht: ›Für Frieden, Recht und Freiheit‹, so der Wandspruch weiter. Aber das Sterben für derartige Werte ist nur dem Schein nach besser als die Krepiererei für die Interessen einer Regierung / Militärführung. Denn die *spezifische* Gesellschaft (formaldemokratischer autoritärer Nationalstaat als Ordnungsrahmen neoliberal oder auch neo-keynesianischer kapitalistischer Ökonomie) reproduziert sich politisch über die im Regierungshandeln *verallgemeinerten* Interessen. Nicht allein einzelne Rohstoffinteressen oder Handelswege bzw. deren militärischer ›Schutz‹ sind die Aufgabe, sondern die letztlich gewaltsame Durchsetzung und Aufrechterhaltung der *Rahmenbedingungen* dieser spe-

[13] So Hans-Jürgen Urban, Leiter des Bereichs Grundsatz, Gesellschaftspolitik und strategische Planung bei der IG Metall, 2007 in einem Hintergrundgespräch.

[14] Während des Kalten Krieges war es üblich, dass die BRD ihre Bundeswehr zwar Krieg üben ließ, aber zur militärischen Unterstützung ihrer Verbündeten keine Soldaten schickte, sondern ›nur‹ Waffen und Geld. Zuletzt geschah dies im sogenannten Ersten Irakkrieg 1991.

zifischen Gesellschaft. Das Sterben für ›Frieden, Recht und Freiheit‹ wird geehrt, im Militärritual säkular geheiligt – damit ja keiner auf die Idee kommt oder gar einen öffentlichen Raum findet zu fragen: Frieden: Muss das immer Staat und Gewaltmonopol heißen? Recht: Ist das notwendigerweise das hermetische und exklusive System des Privateigentums? Freiheit: Fällt mir dazu nicht mehr ein als Vertragsfreiheit?

Wenn derart verdunkelnd bald die feierlichen Militärrituale vor der glänzenden Kulisse des sogenannten Ehrenmals ablaufen, dann werden sich auch die »aufgeklärt modernen«[15] Deutschen erhaben fühlen und mitmachen (so wie die Münchener Architekten) oder wenigstens stillhalten, wenn Bundeswehrsoldaten in aller Welt auf Befehl töten, auch mal morden, rauben, vergewaltigen und foltern und eben auch gehorsam den eigenen Tod in Kauf nehmen. Diese Erhabenheit wollte sich bisher nicht so recht einstellen, wenn die Zinksärge vom Hindukusch oder sonstwo zurückkamen: Zu improvisiert erscheinen die Zeremonien in den Stückguthallen abgelegener Militärbereiche irgendwelcher Provinz-Flughäfen. Für die gewünschte nationale Erhabenheit braucht es das zentrale Ritual und seine architektonische Fügung. Damit wären dann die Toten endlich präsentabel. Gerade bei den *aufgeklärt Modernen* untermauert die große feierliche Geste den Glauben zu wissen, daß es anders ja nicht geht. Das sollen Deutsche, Soldaten und Bürger, hier kollektiv ganz stark spüren können. Damit sie sich zusammen als die Guten fühlen können. Die militärische Vernutzung von Menschenmaterial ist in letzter Konsequenz nur durch die quasi-religiös verbrämte, symbolische Produktion von Helden und Heldentum aufzufangen. Und zu diesem Zweck braucht es das nationale Heiligtum im Bendlerblock-Ensemble[16], das jetzt um ein Ehrenmal für die Helden der aufgeklärten Moderne erweitert wird.

V.

Nachdenken über einen subversiv wirksamen Beitrag zur Ehrenmal-Debatte oder Kriterien für einen solchen kann eigentlich nur scheitern. Denn keine noch so kritische künstlerische oder architektonische Entwurfsarbeit kann die Vereinnahmung und die Ideologieproduktion vermeiden. Je mehr sie es versucht, desto subtiler ideologisch wird das Ergebnis. Genausowenig haben kunsthistorische oder politische Beiträge, die in einen konstruktiv-kriti-

[15] Vgl. Bundesministerium, Ehrenmal, S. 8

[16] Das Ensemble bilden bisher: Der Innenhof zur *Gedenkstätte Deutscher Widerstand* mit dem *Ehrenmal für die Opfer des 20. Juli 1944* (verschiedene Inschriften und Jünglings- plastik von Richard Scheibe, 1953 eingeweiht, 1980 umgestaltet von Erich Reusch), die Säulenhalle mit rotem Teppich, der Konferenzraum mit Stauffenbergbüste und Bildband und -wand) sowie die ständige Ausstellung *Deutscher Widerstand*.

schen Vorschlag münden, eine Chance. Sie erliegen der Illusion, ›mitreden‹ zu dürfen. Wer Kriegseinsätze ablehnt, der kann sich nicht auf die Suche nach dem politisch und ästhetisch korrekten Ehrenmal begeben, sondern sollte sich darauf vorbereiten, den Konsens der scheinheilig um ihre toten Soldaten trauernden Demokraten zu brechen (– nichts gegen *private* Trauer, auch wenn alle Beteiligten lange vor dem ›Heldentod‹ hätten wissen können, worauf sie sich einließen).
Dennoch: In den 80er Jahren wurde in Hamburg ein altes Kriegerdenkmal ›enthüllt‹ – im übertragenen, kritischen, demaskierenden Sinne. Der sogenannte ›Kriegsklotz‹ von Richard Kuöhl, 1936 eingeweiht, zeigt in Reih' und Glied marschierende Soldaten. Die Inschrift darunter lautet: »Deutschland muss leben und wenn wir sterben müssen«[17]. Eine Zeitlang wenigstens war dort stattdessen zu lesen: ›Deutschland muss sterben, damit wir leben können‹. Auch heute wäre nichts passender: statt für ihre ›Opfer‹ Ehrenmale zu bauen, die Nation zu beerdigen.

[17] Vers aus dem Gedicht *Soldatenabschied* von Heinrich Lersch (1914)

Arndt Beck – Die beerdigte Nation

Prolog: Vom Sterben in den Lazaretten (1813)

»Frisch auf, mein Volk! Die Flammenzeichen rauchen,
Hell aus dem Norden bricht der Freyheit Licht.
Du sollst den Stahl in Feindes Herzen tauchen,
Frisch auf, mein Volk! – Die Flammenzeichen rauchen,
Die Saat ist reif, ihr Schnitter, zaudert nicht!
Das höchste Heil, das letzte liegt im Schwerte!
Drück´ dir den Speer in´s treue Herz hinein,
Der Freyheit eine Gasse! – Wasch´ die Erde,
Dein deutsches Land mit deinem Blute rein!

Es ist kein Krieg, von dem die Kronen wissen,
Es ist ein Kreuzzug, `s ist ein heil´ger Krieg!
Recht, Sitte, Tugend, Glauben und Gewissen
Hat der Tyrann aus deiner Brust gerissen;
Errette sie mit deiner Freyheit Sieg!
Das Winseln deiner Greise ruft: ›Erwache!‹
Der Hütte Schutt verflucht die Räuberbrut!
Die Schande deiner Töchter schreyt um Rache,
Der Meuchelmord der Söhne schreyt nach Blut.

Zerbrich die Pflugschar, laß den Meißel fallen,
Die Leyer still, den Webstuhl ruhig steh´n!
Verlasse deine Höfe, deine Hallen! –
Vor dessen Antlitz deine Fahne wallen,
Er will sein Volk in Waffenrüstung seh´n.
Denn einen großen Altar sollst du bauen
In seiner Freyheit ew´gem Morgenroth.
Mit deinem Schwert sollst du die Steine hauen,
Der Tempel gründe sich auf Heldentod. –

Was weint ihr, Mädchen, warum klagt ihr, Weiber,
Für die der Herr die Schwerter nicht gestählt,
Wenn wir entzückt die jugendlichen Leiber
Hinwerfen in die Scharen eurer Räuber,
Daß euch des Kampfes kühne Wollust fehlt?

Ihr könnt ja froh zu Gottes Altar treten!
Für Wunden gab er zarte Sorgsamkeit,
Gab euch in Euren herzlichen Gebethen
Den schönen reinen Sieg der Frömmigkeit.

So bethet, daß die alte Kraft erwache,
Daß wir dasteh'n, das alte Volk des Siegs,
Die Märterer der heil'gen Deutschen Sache,
O ruft sie an als Genien der Rache,
Als gute Engel des gerechten Kriegs.
Louise schwebe segnend um den Gatten,
Geist unsers Ferdinands voran dem Zug!
Und all' ihr Deutschen freyen Heldenschatten,
Mit uns, mit uns, und unsrer Fahnen Flug!

Der Himmel hilft, die Hölle muß uns weichen!
Drauf wack'res Volk! drauf! ruft die Freyheit, drauf!
Hoch schlägt dein Herz, hoch wachsen deine Eichen,
Was kümmern dich die Hügel deiner Leichen,
Hoch pflanze da die Freyheitsfahne auf! –
Doch stehst du dann, mein Volk, bekränzt vom Glücke,
In deiner Vorzeit heil'gem Siegerglanz,
Vergiß die treuen Todten nicht, und schmücke
Auch unsre Urne mit dem Eichenkranz!«[1]

So, wie viele Geschichten enden, beginnt diese bereits: im Anfang war ein Massengrab. Keine *Urne*, kein *Eichenkranz* – nur gelöschter Kalk. Es wurden jene hastig verscharrt, denen es nicht vergönnt war, auf dem ›Felde der Ehre‹ – bei Dennewitz, Großbeeren oder Hagelberg – ins Gras zu beißen. Es waren vor allem die ortsfremden verletzten, verkrüppelten und kranken Soldaten, welche vor ihrem vermeintlichen Einzug in Walhalla oder ähnliche Gefilde einen Umweg über die Berliner Lazarette nahmen und in tage- oder wochenlangem Siechtum, meist am grassierenden Typhus – dem Nerven- oder Lazarettfieber –, jämmerlich verreckten. Der Berliner Arzt Christoph Wilhelm Hufeland skizzierte seinerzeit den Verlauf der Erkrankung in professioneller Nüchternheit: »Nach mehrtägigem Gefühl von Unwohlseyn begann das Fieber mit Frösteln, darauf folgender mäßiger Erhöhung der Wärme, großer Ermattung, Mangel an Eßlust, vorzüglich aber drei karakteristischen Symptomen, Betäubung oder vielmehr ein Gefühl von Berauschtheit im Kopfe, etwas Zitternden in den Gliedern, so daß es ihnen schwer war etwas fest zu halten, und eine besondere Schwäche der Füße,

[1] Theodor Körner, Aufruf [1813], aus: derselbe, Leyer und Schwerdt, Wien 1814, S. 40ff.

die das Stehen fast unmöglich machte. Die Zufälle stiegen nun mit jedem Tage, hauptsächlich die des Kopfs; heftige Kopfschmerzen, zuweilen aber auch nur ein Gefühl von Druck im Kopf, Schläfrigkeit und doch unruhiger, unterbrochener Schlaf, Delirien, ein bald häufiger, bald langsamer, ungleicher, zuweilen voller, zuweilen weicher und kleiner, niemals harter, Puls, immer trockne Haut, erhöhete, zuweilen brennende, zuweilen aber auch fast natürliche, Wärme, häufig Petechien, der Urin jumentös, mit Zunahme der Krankheit roth, feurig, oft ganz braun wie Bier, mit vielem schweren kleyenartigen Bodensatz, zuletzt oft plötzlich wasserhell, zuweilen mit einem kleinen Wölkchen ganz oben schwebend – ein sicheres Anzeichen des nahen Todes – zuletzt Schluchzen, Sopor oder Rasereien, mit dem Trieb davon zu gehen, Lähmungen des Schlundes und der Zunge, bewußtloser Abgang des Stuhls und Urins, – das waren die karakteristischen Symptomen der ausgebildeten und ihren höchsten Grad erreichenden Krankheit. Der Tod erfolgte soporös, apoplectisch, zwischen dem 5ten und 18ten Tage.«[2]

»Eine der abstoßendsten Formen des ›Heldentodes‹«[3] nennt der Historiker Klaus Latzel das Sterben in den Lazaretten. In Berlin waren diese »in demselben Zustand geblieben, wie die Franzosen sie verlassen hatten (nämlich von allem und jedem Gerät und Zubehör, das vor dem Abzug meistbietend verkauft war, entblößt), und sogar ungereinigt zurückgelassen worden. Das große Lazarett bei Monbijou ward nur dadurch erhalten, daß die Hotho- und Welpersche Fabrik ihre Kessel zum Kochen hergab.« Eine »nie zu erklärende Nachlässigkeit [...] der Regierung«[4], wie die Chronistin, Gräfin Sophie Schwerin, betonte.

»Das Sanitätswesen war derart vernachlässigt«, so der Kunsthistoriker Adolf Hüppi, »daß es noch 1830 in einem englischen Werk über militärische Chirurgie heißen konnte, in allen großen Armeen gingen mehr Menschen durch gewöhnliche Krankheit als durch das feindliche Schwert zugrunde, ja vielleicht seien mehr Feldzüge durch Erkrankungen als durch den Kampf entschieden worden. [...] Wenn man also hier und im folgenden von der Vernachlässigung der Kriegsverwundeten liest, so wird man daraus schließen müssen, um wie viel mehr damals die Kriegstoten, die ja zu nichts mehr nützen konnten, vernachlässigt worden sind.«[5] Tatsächlich: »Im Mittelalter, im Dreißigjährigen Krieg und noch weit bis in das 18. Jahrhundert hinein«, heißt es in einem einschlägigen Lexikon, »kannte man keine Ehrfurcht vor gefallenen Soldaten, umgekehrt war es sogar üblich, die Gefallenen ihrer wenigen Habseligkeiten zu berauben. Die Leichen blieben auf dem Schlachtfeld liegen, *den Raben und Füchsen zum Fraß über-*

[2] Christoph Wilhelm Hufeland, Über die Kriegspest alter und neuer Zeit mit besonderer Rücksicht auf die Epidemie des Jahres 1813 in Teutschland, Berlin 1814, S. 57ff.
[3] Klaus Latzel, Vom Sterben im Krieg, Warendorf 1988, S. 43
[4] Gräfin Sophie Schwerin, Vor hundert Jahren, Berlin 1909, S. 418
[5] Adolf Hüppi, Kunst und Kult der Grabstätten, Olten 1968, S. 407

lassen, oder man schichtete die Leichen aufeinander und verbrannte sie aus hygienischen Gründen.«[6] Aber auch noch für die Zeit der sogenannten Befreiungskriege stellt Klaus Latzel fest: »Auf die Körper der Toten auf dem Schlachtfeld wurde noch keinerlei Regung verschwendet; sie wurden geplündert, geschändet, verbrannt, in Massengräbern vergraben.«[7]

Doch zurück zu den Überlebenden. »Die zügelloseste Phantasie ist nicht im Stande, sich ein Bild des Jammers in so grellen Farben auszumalen, als ich es hier in der Wirklichkeit vor mir fand«, berichtete der Arzt Johann Christian Reil dem Freiherrn vom Stein über die Zustände in und um Leipzig nach der ›Völkerschlacht‹. »Man hat unsere Verwundete an Orte niedergelegt, die ich der Kaufmännin nicht für ihren kranken Möppel anbieten möchte. Sie liegen entweder in dumpfen Spelunken, in welchen selbst das Amphibien-Leben nicht Sauerstoffgas genug finden würde, oder in scheibenleeren Schulen und wölbischen Kirchen, in welchen die Kälte der Athmosphäre in dem Maaße wächst, als ihre Verderbniß abnimmt, bis endlich einige Franzosen noch ganz ins Freye hinausgeschoben sind, wo der Himmel das Dach macht, und Heulen und Zähnklappen herrscht. An dem einen Pol der Reihe tödtet die Stickluft, an dem andern reibt der Frost die Kranken auf. Bey dem Mangel öffentlicher Gebäude hat man dennoch auch nicht ein einziges Bürgerhaus den gemeinen Soldaten zum Spitale eingeräumt. An jenen Orten liegen sie geschichtet wie die Heringe in ihren Tonnen, alle noch in den blutigen Gewändern, in welchen sie aus der heißen Schlacht hereingetragen sind. Unter 20.000 Verwundeten hat auch nicht ein einziger ein Hemde, Betttuch, Decke, Strohsack oder Bettstelle erhalten. Nicht Allen, aber doch Einzelnen hätte man geben können. Keiner Nation ist ein Vorzug eingeräumt, alle sind gleich elend berathen, und dies ist das Einzige, worüber die Soldaten sich nicht zu beklagen haben. [...] Alle Kranke mit zerbrochenen Armen und Beinen, und deren sind viele, denen man auf der nackten Erde keine Lage hat geben können, sind für die verbündeten Armeen verloren. Ein Theil derselben ist schon todt, der andere wird noch sterben. Ihre Glieder sind, wie nach Vergiftungen, furchtbar angelaufen, brandig, und liegen in allen Richtungen neben den Rümpfen. Daher der Kinnbackenkrampf in allen Ecken und Winkeln, der um so mehr wuchert, als Hunger und Kälte seiner Hauptursache zu Hülfe kommen. Unvergeßlich bleibt mir eine Scene in der Bürgerschule. Ist es Ihr Geist! so rief mir eine Stimme entgegen, als ich die Tür eines Zimmers öffnete, oder sind Sie es selbst, den mir der Himmel zur Rettung zusendet? und doppelte Thränengüsse, von Schmerzen und Freuden gefordert, rollten über das krampfhafte Gesicht herab. Es war ein Kaufmanns-Sohn aus Preußen, der in der Schlacht bei Groß-Beeren verwundet, von mir im

[6] Zentralinstitut für Sepulkralkultur Kassel, Reiner Sörries (Hg.), Großes Lexikon der Bestattungs- und Friedhofskultur, Teil 1: Volkskunde, Kulturgeschichte, Braunschweig 2002, S. 107
[7] Latzel, Sterben, S. 43

Spital des Frauenvereins geheilt und hier wieder im Schenkel verwundet war. Aber deine Hoffnung, armer Jüngling, ist eine leere Fulguration; du hast einen Strohhalm in den wilden Brandungen der Zeit gehascht, der dich gegen die Wellenschläge des Todes nicht schützen wird. Das Mark deiner Knochen ist abgestorben, deine Wunden athmen nicht mehr, und der Todesengel flattert schon um deine Schläfe herum, der dich in wenigen Stunden in eine bessere Welt hinüberführen wird. – Viele sind noch gar nicht, andere werden nicht alle Tage verbunden. Die Binden sind zum Theil von grauer Leinwand, aus Dürrneberger Salzsäcken geschnitten, die die Haut mitnehmen, wo sie noch ganz ist. In einer Stube stand ein Korb mit rohen Dachschindeln zum Schienen der zerbrochenen Glieder. Viele Amputationen sind versäumt, andere werden von unberufenen Menschen gemacht, die kaum das Barbiermesser führen können und die Gelegenheit nützen, ihre ersten Ausflüge an den verwundeten Gliedern unserer Krieger zu versuchen. Einer Amputation sah ich zu, die mit stumpfen Messern gemacht wurde. Die braunrothe Farbe der durchsägten Muskeln, die fast schon zu athmen aufgehört hatten, des Operirten nachmalige Lage und Pflege gaben mir wenig Hoffnung zu seiner Erhaltung. Doch hat er den Vortheil davon, daß er auf einem kürzeren Wege zu seinem Ziele kömmt. An Wärtern fehlt es ganz. Verwundete, die nicht aufstehen können, müssen Koth und Urin unter sich gehen lassen und faulen in ihrem eigenen Unrath an. Für die gangbaren sind zwar offene Bütten ausgesetzt, die aber nach allen Seiten überströmen, weil sie nicht ausgetragen werden. In der Petri-Kirche stand eine solche Bütte neben einer anderen, ihr gleichen, die eben mit der Mittagssuppe hereingebracht war. Diese Nachbarschaft der Speisen und der Ausleerungen, – – – – muß nothwendig einen Ekel erregen, den nur der grimmigste Hunger zu überwinden im Stande ist. [...] Ich schließe meinen Bericht mit dem gräßlichsten Schauspiel, das mir kalt durch die Glieder fuhr und meine ganze Fassung lähmte. Nämlich auf dem offenen Hofe der Bürgerschule fand ich einen Berg, der aus Kehrigt und Leichen meiner Landsleute bestand, die nackend lagen und von Hunden und Raben angefressen wurden, als wenn sie Missethäter und Mordbrenner gewesen wären. So entheiligt man die Ueberreste der Helden, die dem Vaterlande gefallen sind!«[8]

Drauf, wack'res Volk! drauf! ruft die Freyheit, drauf!
Hoch schlägt dein Herz, hoch wachsen deine Eichen,
Was kümmern dich die Hügel deiner Leichen,
Hoch pflanze da die Freyheitsfahne auf! –

[8] nach: Georg Heinrich Pertz, Das Leben des Ministers Freiherrn vom Stein, Dritter Band (1812-14), Berlin 1851, S. 438-442

I. Der ›Dennewitz‹-Friedhof

Acht Gruben wurden in Berlin für die toten deutschen und französischen Soldaten ausgehoben – alle wurden schnell dem Vergessen anheim gegeben, alle, bis auf eine. Die Nähe zur Stadt kann es nicht gewesen sein, lag diese Grube doch am weitesten entfernt. Eher schon die zum Tempelhofer Feld, das seit 1722 für Manöver und militärische Revuen genutzt wurde, zum Kreuzberg, wo *Seine Majestät der König* nicht nur »dem Volke, das auf seinen Ruf hochherzig Gut und Blut dem Vaterlande darbrachte, den Gefallenen zum Gedaechtniß, den Lebenden zur Anerkennung, den künftigen Geschlechtern zur Nacheiferung«[1], sondern vor allem sich selbst 1822 ein Denkmal setzte, und die zu den 1810 angelegten Schießplätzen in der Hasenheide. Und wer von der Hasenheide spricht, sollte von Turnvater Jahn nicht schweigen. Hier begann ein »eichelfressendes Germanentum« sich als paramilitärisch-romantische Erweckungsbewegung zu recken, hier wurden die willigen *jugendlichen Leiber* und Seelen für den *heil'gen Krieg* geformt.

»Es war die Zeit«, so der anarchistische Denker Rudolf Rocker, »wo der Geist Lessings und Herders das junge Geschlecht nicht mehr anregen konnte [...]. Was dabei herauskam, war jener spezifisch deutsche Patriotismus, der nach Heine darin besteht, daß seinen Trägern ›das Herz enger wird, daß es sich zusammenzieht wie Leder in der Kälte, daß sie das Fremdländische hassen, daß sie nicht mehr Weltbürger, nicht mehr Europäer, sondern nur enge Deutsche sein wollen‹.«[2] »Ich will denn Haß, festen und bleibenden Haß der Deutschen gegen die Wälschen und ihr Wesen«, fauchte beispielsweise der protestantische Eiferer Ernst Moritz Arndt, »weil mir die jämmerliche Aefferei und Zwitterei misfällt, wodurch unsre Herrlichkeit entartet und verstümpert und unsre Macht und Ehre den Fremden als Raub hingeworfen ward; ich will denn Haß, brennenden und blutigen Haß [...]. Ich will denn Haß gegen die Franzosen, nicht bloß für diesen Krieg, ich will ihn für lange Zeit, ich will ihn für immer. [...] Dieser Haß glühe als die Religion des deutschen Volkes als ein heiliger Wahn in allen Herzen und erhalte uns immer in

[1] Inschrift des Kreuzberg-Denkmals – im Original ohne Interpunktion

[2] Rudolf Rocker, Nationalismus und Kultur, Erster Band, Zürich 1976, S. 297 und 291
Rockers hier zitiertes Hauptwerk sollte im Herbst 1933 in Berlin erscheinen; »dann kam die sogenannte nationale Revolution über Deutschland«, schreibt er im Vorwort zur ersten deutschen Ausgabe, »die mich wie viele andere zwang, ins Ausland zu flüchten, wobei ich nichts retten konnte als das Manuskript dieser Arbeit.« Ohne deutsche Leserschaft sank seine Hoffnung auf eine Publikation. Dennoch begann 1936 die Herausgabe einer spanischen und ein Jahr später einer englischen (in New York) Übersetzung, 1939 einer holländischen und kurz nach dem Ende des Zweiten Weltkriegs einer jiddischen (in Buenos Aires, wo 1942 auch die spanische erschien), einer schwedischen und – mit 16 Jahren Verzögerung – der deutschen Ausgabe (1949).

unsrer Treue, Redlichkeit und Tapferkeit.«[3] Und: »Wer, unter welchem Titel es sey, sich mit Frankreich verbündet und Frankreich um Hülfe anschreiet, der meint Tückisches und Verrätherisches gegen Teutschland, der ist wie das Schaaf, das dem Wolf die Hürde öffnet; er werde friedlos erklärt über das ganze teutsche Reich, und nimmer möge seine Acht versöhnt werden.« Es besteht kein Zweifel, wen Arndt damit gemeint hatte: »Die Juden [...] sind dem Karakter der slavonischen Völker und der Südeuropäer, namentlich der Franzosen, viel gleichartiger, als dem Karakter der Teutschen. [...] Ich nenne dieses Fremde schon an sich eine Plage und ein Verderben. Es ist noch mehr so zu nennen, weil die Juden ein verdorbenes und entartetes Volk sind.« Mehr noch: »Die Juden als Juden passen nicht in diese Welt und in diese Staaten hinein, und darum will ich nicht, daß sie auf eine ungebührliche Weise in Teutschland vermehrt werden. Ich will es aber auch deswegen nicht, weil sie ein durchaus fremdes Volk sind und weil ich den germanischen Stamm so sehr als möglich von fremdartigen Bestandtheilen rein zu erhalten wünsche. [...] Die Juden [sind] durchaus unfähig, mehrere Pflichten zu erfüllen [...]; sie sind also unfähig, in einem christlichen Staate volle Bürger zu seyn [...]. [Sie sind] ein fremdartiger Theil, von welchem zu wünschen wäre, daß er unser herrliches und reines Volk nie berührt hätte [...]. [Die] Aufnahme fremder Juden [...] ist ein Unheil und eine Pest unsers Volkes. [...] Unstät an Sinn und Trieb, umherschweifend, auflaurend, listig, gaunerisch und knechtisch duldet er [ein Jude] allen Schimpf und alles Elend lieber als die stätige und schwere Arbeit, welche die Furchen bricht, den Wald rodet, die Steine haut, oder in der stätigen Werkstatt schwitzt; wie Fliegen und Mücken und anderes Ungeziefer flattert er umher, und lauert und hascht immer nach dem leichten und flüchtigen Gewinn, und hält ihn, wann er ihn erschnappt hat, mit blutigen und unbarmherzigen Klauen fest. [...] Sie [die Kinder Israel] sind [...] eine Plage und Pest der Christen.«[4]

»Das heißt«, so der Publizist Ralph Giordano, »gleich am Anfang der Einigungsbestrebungen, nach so langer und tiefer Zersplitterung, sind jene beiden Elemente da, von denen die deutsche Geschichte bis in die Mitte des 20. Jahrhunderts gezeichnet sein wird: Nationalismus und Antisemitismus.«[5]

Der verachtete Soldatenstand – noch Kronprinz Friedrich, den man später und auch heute noch gerne *den Großen* nennt, meinte, die Soldateska bestünde »aus der Hefe des Volkes, aus Taugenichtsen, die die Müßigkeit der Arbeit vorziehen, aus Wüstlingen, die unter den Fahnen ein freies Leben und ungestraftes Treiben suchen, aus ungeratenen Söhnen, wilden Gesellen, die aus Lust an der Ungebundenheit Handgeld nehmen, und die, da sie ein-

[3] Ernst Moritz Arndt, Über Volkshaß und über den Gebrauch einer fremden Sprache (1813), in: derselbe, Schriften für und an seine lieben Deutschen, Erster Theil, Leipzig 1845, S. 370f.

[4] Ernst Moritz Arndt, Blick aus der Zeit auf die Zeit, Germanien [Frankfurt am Main] 1814, S. 66, 191ff., 188ff. und 196

[5] Ralph Giordano, Die Traditionslüge – Vom Kriegerkult in der Bundeswehr, Köln 2000, S. 101f.

zig aus Leichtsinn dienen, zu ihrem Kriegsherrn ebensowenig ein innerliches Verhältnis haben wie Ausländer«[6] –, dieses ›Gesindel‹ erhielt, nicht zuletzt durch die Neuorganisation des Heeres, in dieser Zeit eine ungeheure Aufwertung. Das »Zwangssystem der absolutistischen Militärmaschine« – allein während der Regierungszeit des ›Soldatenkönigs‹ Friedrich Wilhelm I. desertierten über 30.000 Mann – hatte sich nicht »unter humanitären, sondern unter *militärischen* Gesichtspunkten als obsolet erwiesen«[7]; was dennoch vielversprechend als Verbürgerlichung des Militärs begann, endete mit der Militarisierung des Bürgers. Und die Geschichte nahm ihren Lauf: »Anstatt der Verfassung kam die Heilige Allianz, anstatt der erhofften bürgerlichen Freiheit kamen die Karlsbader Beschlüsse und die Demagogenverfolgung. [...] Nie hatte Deutschland unter französischer Fremdherrschaft auch nur ähnliches erdulden müssen wie später unter der schmählichen Tyrannei seiner fürstlichen ›Befreier‹.«[8]

Wie tief der militärisch-autoritäre Geist in der Mitte der preußischen Gesellschaft in den folgenden Jahren Wurzeln schlug, darüber gibt ein Bericht des Jahres 1843 aus dem *Soldatenfreund*, der Zeitschrift für *fassliche Belehrung und Unterhaltung der preußischen Soldaten*, Auskunft: »In Preußen ist die Uniform des Soldaten ein Ehrenrock, keine Gesellschaft schließt ihn aus. Wer seiner Pflicht im Heere genügt, den bevorzugt der Staat bei Besetzung seiner Ämter und Stellen. So ist die Armee die Schule, der Durchgangspunkt, der Vereinigungspunkt für gute Gesinnung, Treue, Anhänglichkeit und Vaterlandsliebe, und der militairische Geist des Volkes die nothwendige Folge davon.« Im selben Artikel heißt es weiter: »Ein neues oder neuestes Zeichen dieses im Volke fortlebenden militairischen Geistes haben wir [...] zu berichten. Die Leser des Soldatenfreundes werden sich [...] des Aufsatzes erinnern, der unter dem Titel: ›das Bett der Ehre‹ auch von einem Kirchhofe erzählte, der in der Hasenhaide bei Berlin vorhanden ist, und in den Kriegsjahren dazu bestimmt war, die in den Berliner Lazarethen gestorbenen Krieger aufzunehmen. Ganz ernstlich eiferte der Soldatenfreund gegen die Vernachlässigung, welche dieser Gottesacker im Laufe der Zeit erfahren, obgleich in der letzten Zeit ein Thorweg mit einer Inschrift und ein metallenes Kreuz auf der Mitte desselben doch einigermaßen die Ruhestätte so vieler Braven bezeichnete. Bei dem Feste der freiwilligen Jäger des Leib-Regiments kam die Angelegenheit mitten im lebhaftesten Jubel des frohen Mahles ernsthaft zur Sprache und regte die Anwesenden wunderbar an. Tüchtige Männer nahmen die Sache auf und machten die Angelegenheit zu der ihrigen. [...] Eine religiö-

[6] Friedrich II., Der Antimachiavell [1740], nach: Gustav Berthold Volz (Hg.), Die Werke Friedrichs des Großen, Band 7, Berlin 1913, S. 48

[7] Klaus Latzel, »Schlachtbank« oder »Feld der Ehre«?, in: Wolfram Wette (Hg.), Der Krieg des kleinen Mannes, München 1992, S. 82, Hervorhebung A.B. An anderer Stelle bescheinigt er den »gepreßten ›Landeskindern‹ und Söldnern« in der Zeit Friedrichs II. ein »erfrischend unkompliziertes Verhältnis zur Fahnenflucht.« Latzel, Sterben, S. 98

[8] Rocker, Nationalismus, Bd. 1, S. 278f.

se Feier sollte die Absicht des Vereins allgemeiner bekanntmachen und die Theilnahme derer gewinnen, welche sich von dem schönen Zwecke angeregt finden würden. Dazu wurde den wackern strebsamen Männern die Genehmigung Sr. Majestät des Königs, die keinem Unternehmen fehlt, das auf so edle patriotische Grundlagen gebaut ist, wie dieses.

Am 6. September [1843], dem Jahrestage der Schlacht bei Dennewitz, fand nun die Feier statt. Es war eine Aufforderung in den Zeitungen erlassen worden, und siehe da, außer den Zuschauern, die leicht zu 5.000 angenommen werden können, fanden sich über 700 ehemalige Krieger, Alle mit der Denkmünze und viele mit andern Orden und Ehrenzeichen geschmückt, Nachmittags 3 Uhr am Eingange der Hasenhaide ein. Durchweg trugen alle Theilnehmende schwarze Fest-Kleidung, und wohin das Auge auch traf, überall herrschte Ordnung und jene Stimmung, die einen so wohlthuenden Eindruck macht. Im feierlichen Zuge, ein Musik-Corps [...] an der Spitze, von Marschällen geführt, bewegten sich die Versammelten durch die Hasenhaide bis zum Gottesacker, dessen Vorplatz mit vier Fahnen geschmückt war. Hier, dicht vor dem Thorwege, dessen wir oben erwähnt, stand ein schwarzer Altar mit dem Kirchengeräth. 50 Mann Infanterie von den drei Garde-Infanterie-Regimentern der Berliner Garnison unter dem Kommando von 2 Offizieren, umgaben den Platz und sonderten die Mitglieder dieses Vereins, die Mitglieder der übrigen bestehenden Trauer-Vereine und die ehemaligen Krieger von den übrigen Zuschauern. Unmittelbar nachdem die Anwesenden sich geordnet, wobei sich Alles in größter Ordnung und wie von selbst gefügt, begann ein Sänger-Chor das Lied: ›Allein Gott in der Höh sey Ehr‹, dem sich das von C.M.v. Weber componirte Grablied: ›Leise wandeln wir, wie Geisterhauch‹ anschloß, wobei die Kinder der Malmeneschen Erziehungs-Anstalt mitwirkten. Die Töne verklangen, tiefe Stille herrschte in der zahlreichen Versammlung, da begann der Prediger Deibel seine Gedächtniß- und Einweihungs-Rede, welche eine außerordentliche Wirkung hervorbrachte. Der Gegenstand, über den er sprach, war ein mächtiger: Tausende von ehrenhaften Kriegern ruhen hier, bis jetzt fast vergessen, den langen Schlaf des Todes, und nach 30 Jahren feiert die dankbare Nachwelt ihr Gedächtniß, so anerkennend, daß das Glück und die Zufriedenheit der Jetztzeit durch Mühe, Wunden und Tod des Damals erkauft worden war. [...] Das Lied: ›Wie sie so sanft ruh'n‹, vom Sänger-Chor und dann: ›Was Gott thut, das ist wohlgethan‹ von der ganzen Versammlung gesungen, endete die Feier, die durchweg von dem schönsten Wetter begünstigt wurde. Die Sammlung für den Aufbau einer Einschließungsmauer ergab über 80 Thlr. Wie immer, wo es patriotische Zwecke und Tüchtiges gilt, hatte der Buchdruckereibesitzer Hayn auch hier wieder den Druck der Lieder und des Programms unentgeltlich geliefert, wofür ihm hier ein öffentlicher Dank gesagt seyn mag. Woraus entstand diese schöne erhebende Feier überhaupt? Wodurch wurde sie überhaupt möglich? Wie konnten vor 30 Jahren in dem Lazareth verstorbene Krieger nach so langer Zeit die verdiente Ehre und Achtung finden? Weil der militairische Geist wach und lebendig in Preußens Volk ist, weil der Bürger Soldat war und sein Sohn Soldat seyn wird, und weil sich die Anhänglichkeit an König, Vaterland, Fahne und Preußischen Ehrenrock nicht von dem Geschwätz moderner Schreier irre machen läßt.«[9]

Unbestritten, vom *Geschwätz moderner Schreier* ließ sich der preußische Soldat nicht – ließ sich kaum ein Soldat je – *irre machen*; eher schon von den Dachziegeln, die wenige Jahre später von den Berliner Dächern auf ihn herunterhagelten[10] – doch dies sei nur am Rande bemerkt. Dem alljährlichen

[9] Der *Soldatenfreund*, Nr. 532, Berlin, 11. September 1843, S. 5295f.

[10] Gemeint ist der 19. März 1848. Der Schriftsteller und Chronist Karl August Varnhagen von Ense notierte in sein Tagebuch: »Die Vorgänge haben etwas Wunderbares. Zehn, zwölf junge Leute, entschlossen und todbereit, haben Barrikaden mit wohlgezielten Schüssen, hinter den Barrikaden hervor, aus den Fenstern der Häuser, *mit Steinhagel von den Dächern herab*, siegreich vertheidigt gegen Kanonen, Reiter und Fußvolk, ganze Regimenter mußten mit Verlust weichen. Die eigentlichen Kämpfer waren wenig zahlreich, die Gehülfen aber willig und die Masse günstig, so konnte es geschehen, daß 20.000 Mann Truppen nichts ausrichteten!« Karl August Varnhagen von Ense, Tagebücher, Vierter Band, Leipzig 1862, S. 318f. (Hervorhebung A.B.) Und Bernt Engelmann ergänzt: »Am Abend des 19. März wurde klar, daß mit militärischer Macht nichts mehr zu erreichen war, ja, daß sich die Soldaten, die sich hie und da schon mit dem Volk zu verbrüdern begannen, bald allen Schießbefehlen widersetzen würden.

Gedenken auf dem ›Dennewitz‹-Friedhof tat es keinen Abbruch. »Im gebildeten Bürgertum, vornehmlich unter Burschen, Sängern und Turnern«, so der Germanist Hasko Zimmer, »wurde die Erinnerung an die Befreiungskriege bis zur Mythisierung gepflegt, hier wurden die Lieder Arndts und Körners weitergesungen und überstanden so Revolution und Reaktion. [...] 1863 feierten Deutschlands Patrioten in zahlreichen Festen und Ansprachen das Jubiläum der Völkerschlacht von Leipzig sowie des Todestages von Theodor Körner. An der Verklärung der ›großen‹ nationalen Vergangenheit, zu der etwa auch der Geschichtsunterricht an den Schulen Preußens zu dieser Zeit wesentlich beitrug, richtete sich die ihrer Ohnmacht und Tatenarmut schmerzlich bewusste Nation auf, in Körner zumal feierte sie den ›Märtyrer‹ des Vaterlandes, in dem Leier und Schwert, Schillerscher Idealismus und patriotische Tat zur strahlenden Einheit geworden seien.«[11] Nach dieser fünfzigsten Wiederkehr schlief das Gedenken auf dem Friedhof allerdings ein – und auch der Friedhof selbst fiel in einen langen Dornröschenschlaf.

Ein Versuch des Königs, durch eine Proklamation Zwietracht zwischen die aktiven Kämpfer und die übrige Bevölkerung zu säen, [...] scheiterte kläglich. Der König wurde vielmehr gezwungen, die 150 Gefallenen auf seiten des Volkes, deren Leichen man ihm blumengeschmückt vor die Fenster des Schlosses getragen hatte, ehrerbietig zu grüßen, vor den toten Barrikadenkämpfern seinen Hut zu ziehen und sich zu verneigen. Außerdem mußte er seinem Heer den Befehl zum Rückzug aus der Stadt geben.« Bernt Engelmann, Wir Untertanen, Frankfurt am Main 1982 [1974], S. 221

[11] Hasko Zimmer, Auf dem Altar des Vaterlands, Frankfurt am Main 1971, S. 78

Die Kapelle auf dem ›Dennewitz‹-Friedhof im November 2003.

II. Der Neue Garnisonfriedhof

Der Heeresreform von 1813 folgte die von 1860. Ihre Kernpunkte konstatiert der Publizist Bernt Engelmann: »Verlängerung der Militärdienstzeit von bisher zwei auf drei Jahre; eine beträchtliche Vergrößerung des stehenden Heeres; dessen Umrüstung auf Waffen mit weit größerer Feuergeschwindigkeit und die Herauslösung der – von meist bürgerlichen Offizieren kommandierten – Landwehr aus der regulären Feldarmee. [...] Im Januar 1861, nachdem Friedrich Wilhelm IV. gestorben und der ›Kartätschenprinz‹-Regent als Wilhelm I. König von Preußen geworden war, hatte er 81 Infanterieregimenter (anstatt 45), 48 Kavallerieregimenter (zuvor 38) und 18 Artillerieregimenter (früher 9) zu seiner Verfügung.«[1]

Auch die Verwaltung der Berliner Militärfriedhöfe organisierte sich neu. Der ›Gemeinen‹-Garnisonfriedhof an der Gormannstraße wurde 1866 geschlossen, die Militärgemeinde zweigeteilt. Neben jeweils einer evangelischen und katholischen Garnisonkirche erhielten beide auch einen neuen Friedhof. 1867 wurde der nördliche an der Müllerstraße eingeweiht, einige Jahre zuvor der Neue Garnisonfriedhof an der Hasenheide, direkt neben dem Massengrab von 1813.[2]

»Vorläufig bestimme ich, das die 1. Offizier-Leiche am Eingang rechts, die 1. Soldaten-Leiche an der Mauer links hinten zu beerdigen sei«, diktierte Generalfeldmarschall von Wrangel und im Herbst 1861 eröffnete er mit der Grablegung des Majors von Gayette »in solenner Weise« und »den dem Range des Verstorbenen gebührenden militärischen Honneurs«[3] den Begräbnisplatz. »Ein Unglück ist es, als erster auf einem Friedhof begraben zu werden, dann muß man wandern und kommt nie zur Ruhe«[4], glaubt das Handwörterbuch des deutschen Aberglaubens zu wissen und es bleibt zu hoffen, daß die Nähe zum Massengrab dem Major dieses vermeintliche Schicksal ersparte, denn obwohl der neue Gottesacker genau an der Südseite des ›Dennewitz‹-Friedhofs anschloß, waren diese ohne Verbindung, durch eine Mauer getrennt.

Die einst so menschenleere Gegend wurde nun natürlich häufiger besucht, stellte sich aber als gefährlicher Ort heraus. Karl Plumeyer, Autor eines Arti-

---

[1] Engelmann, Untertanen, S. 253

[2] Als weitere Militärfriedhöfe gab es bereits (und gibt es bis heute) den Alten Garnisonfriedhof sowie den Invalidenfriedhof.

[3] nach: Karl-Robert Schütze, Von den Befreiungskriegen bis zum Ende der Wehrmacht – Die Geschichte des Garnisonfriedhofs am Rande der Hasenheide in Berlin-Neukölln, Berlin 1986, S. 36 und 34

[4] Hanns Bächtold-Stäubli u.a. (Hg.), Handwörterbuch des deutschen Aberglaubens, Band III, Leipzig 1930/31, Sp. 92

kels zur Geschichte des Friedhofs, meinte Gewehrkugeln, als er schrieb: »Oft genug mischten sie sich unter eine Trauergemeinde bei einer Beerdigung, seltsamerweise ohne jemanden zu verwunden oder zu töten. Einem Arbeiter wurde die Mütze vom Kopf geschossen, einer anderen Person der Mantel durchlöchert. Zahlreiche Beschwerden von Friedhofsbesuchern gingen ein.«[5] Urheber dieser Bedrohung waren die irrlaufenden Geschosse der auf den angrenzenden Schießständen übenden Soldaten. Statt geeignete Schutzvorrichtungen zu erbauen, bestimmte man für den Friedhof komplizierte Besuchsregelungen und Meldepflichten. Und als man sich doch irgendwann zu Sicherungsmaßnahmen durchrang, blieb das gewünschte Resultat aus: »Bis zur Aufhebung der Schießstände in den dreißiger Jahren unseres [20.] Jahrhunderts«, so der Verfasser der umfangreichsten Veröffentlichung zum Friedhof, Karl-Robert Schütze, »sind [...] immer wieder bedrohliche Querschläger aktenkundig geworden.«[6]
Seit 1866 ergänzt eine Kuriosität diese beiden Friedhöfe, die lange Zeit in Mitteleuropa einzigartig war. Doch begann ihre Geschichte eigentlich schon im Juni 1797, mit dem Eintreffen von Ali Aziz Efendi, dem ersten *Ständigen Außerordentlichen und Bevollmächtigten Botschafter der Osmanischen Hohen Pforte* am preußischen Königshof, spätestens aber knapp eineinhalb Jahre nach seiner Ankunft, als der Diplomat, Dichter und Mystiker gänzlich unerwartet starb. Ungewöhnlich unbürokratisch sorgte Friedrich Wilhelm III. noch am selben Tag für ein Grundstück und den Ausbau eines Grabgewölbes. Es lag hinter dem Halleschen Tor, außerhalb der Stadtmauern, an der heutigen Urban- Höhe Geibelstraße. Es folgten weitere Grablegungen, Plünderungen, die Anlage wurde vergessen, zufällig wiederentdeckt, weitergenutzt und stand mit einem Male im Vorgarten des Neubaus der Kaserne des Kaiser Franz Garde-Grenadier-Regiments. Einvernehmlich einigten sich Kriegsministerium und türkische Gesandtschaft auf eine Verlegung neben den Neuen Garnisonfriedhof, das Grundstück wurde dem Osmanischen Reich geschenkt und ist bis heute im Besitz des türkischen Staats. Der ›Türken-Friedhof‹ wandelte sich im 20. Jahrhundert zu einem islamischen. Blickfang ist seit neuestem die strahlend weiße Şehitlik-Moschee; für diesen Neubau mußten die Totenruhe und die historische Substanz des Friedhofs gehörig leiden: mehr als die Hälfte aller Grabstätten verschwand.[7]

Doch zurück zum ältesten Gewerbe der Welt.[8] Drei Kriege sorgten nicht nur für die rasche Belegung des Friedhofs (wiederum waren es meist ihren Krankheiten oder Verletzungen erlegene Soldaten), sondern auch

[5] Karl Plumeyer, Beiträge zur Geschichte der Berliner Garnisonfriedhöfe, in: Mitteilungen des Vereins für die Geschichte Berlins, Band 41, Berlin 1924, S. 51

[6] Schütze, Befreiungskriegen, S. 41

[7] der gesamte Abschnitt folgt inhaltlich: Carl-Peter Steinmann, Von wegen letzte Ruhe!, Berlin 2001, S. 31-41

[8] nach: Ekkehart Krippendorff / Markus Euskirchen / Arend Wellmann, 100 Tage Militär: exemplarischer Tätigkeitsbericht über das älteste und größte Gewerbe der Welt, Bremen 2000

Die Şehitlik-Moschee mit einem Teil des Türkischen Friedhofs.

für den vorläufig krönenden Abschluß der Ära des ›bewaffneten Friedens‹: die nationale Einheit Deutschlands. »Was als deutsches Kaiserreich 1871 schließlich zustande kam«, so Hasko Zimmer, »hatte mit den Intentionen des achtundvierziger Liberalismus nichts mehr gemein; es beruhte auf keinem freien Entschluß der Nation, sondern war das Werk Bismarcks, der Fürsten und der preußisch-deutschen Waffen. Nach außen ein Machtreich, das aus einem annexionistischen Krieg geboren wurde und bezeichnenderweise an Sedanstagen sein Selbstverständnis artikulieren sollte, war es nach innen eine aus ›Eisen und Blut‹ hervorgegangene ›autoritäre Ersatzlösung für den 1848 erstrebten liberal-demokratischen Nationalstaat‹.«[9] »Man braucht nur das heute in jedem Kunstladen zu findende Bild zu betrachten«, schrieb der politische Publizist Constantin Frantz 1874, »welches die Proklamation des neuen Kaisertums in Versailles darstellt, und das Wesen dieser neuen Schöpfung tritt in wünschenswertester Klarheit hervor: Eine Gesellschaft in blitzenden Uniformen sieht man da, vor welcher einige Herren in schwarzen Fracks eine gar demütigende Rolle spielen, das Ganze so prosaisch und unvolkstümlich – die Inauguration des Militarismus ließe sich nicht drastischer versinnbildlichen.« »In der Tat«, ergänzt Rudolf Rocker, »die nationale Einheit verwandelte Deutschland in ein vergrößertes Preußen, das sich berufen fühlte, Weltpolitik zu treiben. Die Kaserne wurde zur Hochschule der neudeutschen Mentalität.«[10] Und Friedrich Nietzsche stellte fest: »Als die Deutschen den anderen Völkern Europa's anfiengen interessant zu werden – es ist nicht zu lange her –, geschah es vermöge einer Bildung, die sie jetzt nicht mehr besitzen, ja die sie mit einem blinden Eifer abgeschüttelt haben, wie als ob sie eine Krankheit gewesen sei: und doch wussten sie nichts Besseres dagegen einzutauschen, als den politischen und nationalen Wahnsinn.«[11]

»Nach dem Sieg über Frankreich von 1871«, so noch einmal Bernt Engelmann, »wurde mehr als die Hälfte der fünf Milliarden Goldfranken, die das französische Volk dem Deutschen Reich als ›Kriegsentschädigung‹ zu zahlen hatte, für zusätzliche Rüstungen ausgegeben. Die Dienstzeit der Soldaten, die Gesamtstärke der Truppen und den Anteil der Militärausgaben am Staatshaushalt – Jahr für Jahr rund siebzig Prozent! – legte Bismarck im Einvernehmen mit dem Generalstab von vornherein so fest, daß das in der Verfassung dem Reichstag zugestandene Bewilligungsrecht zu einer bloßen Anerkennung vollendeter Tatsachen verkümmerte. Gleichzeitig begann ein Trommelfeuer militaristischer Propaganda, geschürt von einigen mit Geld aus Bismarcks ›Welfenfonds‹ bestochenen Zeitungsschreibern, aber auch von

---

[9] Zimmer, Altar, S. 76, zuletzt zitiert er seinerseits Karl Dietrich Bracher, Die deutsche Diktatur, Köln, Berlin 1969, S. 18

[10] Rocker, Nationalismus, Bd. 2, S. 588f., Zitat von Frantz ebenda

[11] Friedrich Nietzsche, Morgenröthe [1881], Kritische Studienausgabe, Band 3, München 1999, S. 162f.

Hochschullehrern wie dem Geschichtswissenschaftler Heinrich von Treitschke, der schon Ende 1870 erklärt hatte: ›Ist diese Zeit von Eisen, so bleibt es auch eine Notwendigkeit für die Gesittung der Welt, daß eine Nation bestehe, die neben dem Idealismus der Wissenschaft zugleich den Idealismus des Krieges behüte, [...] und dies ist Deutschlands herrlichster Beruf.‹ So wie Treitschke es sang, so zwitscherten es Tausende von Deutsch-, Geschichts-, Turn- und Religionslehrern in den Schulen, so paukten es Unteroffiziere den Rekruten ein, und so trommelten es die überall im Reich gegründeten Kriegervereine durch die Städte und Dörfer.«[12]

Der ›Verein ehemaliger 24er‹ beispielsweise beging am »Jahrestage von Vionville-Mars-la-Tour« ein erbauliches Fest. »Nach einem vorläufig geselligen Zusammensein im Garten, während dessen die verstärkte Hauskapelle konzertirte, gab ein Signal das Zeichen zum Beginn des Haupttheils vom Fest-Programm; Alles eilte in den Saal und nahm Platz. Eine Jubel-Ouvertüre ertönte; darauf betrat der Vereins-Vorsitzende, Kamerad Schulz, das Podium der im Saal befindlichen Bühne und hielt eine patriotische, der Bedeutung des Tages entsprechende Festrede, welche mit einem jubelnden Hoch auf Se. Majestät den Kaiser schloß. Es folgte ein von einem Vereins-Kameraden gedichtetes und von vier Kameraden ausgeführtes Festspiel, welches mit zündenden Worten die vier großen Kriegs-Epochen der Brandenburgisch-Preußischen Geschichte verherrlichte. Die Bühne stellte eine ideale Gegend dar, im Hintergrunde die lebensgroßen Statuen des Großen Kurfürsten, Friedrichs II. und Friedrich Wilhelms III., und mehr im Vordergrunde, in der Mitte, die von Blumen und Topfgewächsen umgebene Büste Kaiser Wilhelms. Nach einander erschienen auf der Scene: ein Reiter aus des Großen Kurfürsten Tagen, ein Dragoner Friedrichs des Großen und ein Märkischer Landwehrmann von 1813, Jeder die Großthaten seiner Zeit mit warmen Worten schildernd und einander dann als ebenbürtige Kämpfer erkennend; zu ihnen trat zuletzt – von dem Applaus der Fest-Versammlung empfangen – im vollen Waffenschmuck der Neuzeit ein 24er, einen Lorbeerkranz in der Rechten. Die drei Krieger begrüßend als seiner Träume Bild, und da er ›Als Jüngling schon, mit frohem Ahnen, gelauscht im Lied dem Rauschen ihrer Fahnen!‹ bittet er, aufgenommen zu werden in ihren Kreis, den Kreis vaterländischer Helden. Die Schilderungen der großen Waffenthaten von 1864, 1866 und 1870 erringen ihm diese Aufnahme, und alle Vier vereint erkennen den Lorbeer dem Deutschen Kaiser zu. Die Bekränzung der Büste desselben bei bengalischer Beleuchtung, unter Absingung der Volks-Hymne, bildete den sinnbildlichen Schluß. [...] An demselben Tage fand auf dem Hofe der Kaserne des 1. Garde-Dragoner-Regiments die feierliche Enthüllung eines Denkmals statt, welches das Offizier-Korps den gefallenen Kameraden aus den Siegesjahren 1866, 70 und 71 hatte errichten lassen. Aus eingehegter

[12] Engelmann, Untertanen, S. 274

Plattform aufsteigend, führen 4 Stufen an das Postament, in welches 4 Marmortafeln eingelassen sind, von denen die vorderste Tafel die Widmung an die Gefallenen, die rechtsseitige die Namen der Gefallenen des Jahres 1866 und die beiden anderen Tafeln die des Krieges 1870/71 tragen. Ein sinnreich und kunstvoll gegliedertes Kapitäl schließt nach oben das Postament; auf dem Kapitäl ruht eine Kugel, auf der ein eben im Aufsteigen begriffener Adler stolz die Schwingen hebt.«[13] Viel später, 1920, sollte dieses Denkmal auf den Garnisonfriedhof verlegt werden, »nachdem es auf dem Hofe der anderen Zwecken dienstbar gemachten früheren Kaserne in der Belle-Alliancestraße von pietätlosen Händen wiederholt beschädigt worden war«[14].

Beispielhaft für die Grablegung eines ›normalen‹ höheren Militärs sei hier die vom *Soldatenfreund* überlieferte Beerdigung des »Königl. General-Major[s] à la suite der Armee und General-Telegraphen-Direktor[s] Theodor Meydam« erwähnt. »Die Leichenparade bestand aus einem Bataillon des Garde-Füsilier-Regiments mit der Regimentsmusik, einer Eskadron des Garde-Kürassier-Regiments nebst Trompeter-Chor und 3 Geschützen der Garde-Feld-Artillerie nebst Musik-Chor. Die Leichenparade kommandirte der General-Major Frhr. v. Meerscheidt-Hüllessem, Kommandeur der 11. Infanterie-Brigade; die Dekorationen des Verstorbenen wurden durch einen bei der General-Telegraphen-Direktion kommandirten Ingenieur-Offizier getragen. Nachdem die Leiche in das Grab gesenkt und der Schlußsegen gesprochen worden, wurden aus den in der Trauerparade befindlichen Geschützen je drei Schuß abgefeuert, bez. von der Infanterie drei Salven gegeben.«[15]

Wenn auch die namhaftesten Schlachtstrategen nach wie vor auf dem Invaliden- oder dem Alten Garnisonfriedhof beigesetzt wurden, das Gräberfeld an der Hasenheide gewann allmählich an Bedeutung. Und so fand hier am 18. Oktober 1886 die Grundsteinlegung eines Ehrenmals – initiiert vom *Kriegerverband Berlin und Umgegend* – für die ›Gefallenen‹ der sogenannten Reichseinigungskriege statt: »In dem Kreuzungspunkte der beiden, rechts vom Hauptgange führenden Wege, ganz nahe des Denkmals, welches den hier in der Gefangenschaft verstorbenen Franzosen gesetzt ist, befindet sich der Grundstein, auf dem sich das bereits vom Bildhauer Johannes Boese hier modellirte Krieger-Denkmal erheben wird. Vor dem Grundstein, den Gräbern der für König und Vaterland Gestorbenen zugewandt, erhob sich der von hohen Gewächsen umgebene Feldaltar, geschmückt mit einer rothen Decke, welche das eiserne Kreuz zeigt, einem Krucifix und zwei Leuchtern, und einer Guirlande, so wie einem Kranze aus Lorbeerreisern. Laubgewinde, die sich von Baum zu Baum zogen, sowie Fahnen in den preußischen und deutschen Farben begrenzten die zu weihende Stätte. Sämmtliche 69 Vereine, die sich vorher in Kellers Hofjäger versammelt hatten, traten von dort

---

[13] *Der Soldatenfreund*, Berlin, 30. September 1874, S. 213f.
[14] Wilhelm Borchert, Garnison-Friedhof Hasenheide in Wort und Bild, Berlin 1930, S. 38
[15] *Der Soldatenfreund*, Berlin, 27. Februar 1875, S. 542

Denkmal des 1. Garde-Dragoner-Regiments.

Denkmal für die 1870/71 in Berlin verstorbenen Franzosen.

ihren Marsch nach dem Kirchhofe mit ihren Fahnen und Standarten und mit Musik an, und nahmen in den vom Festplatze ausgehenden vier Wegen Aufstellung, während die Feldzeichen sich, 67 an der Zahl, um den Grundstein gruppierten. Die Stelle dem Altar gegenüber war für die geladenen Gäste reserviert. [...] Der von einem Musikcorps geblasene Trauermarsch von Chopin leitete die erhebende Feier ein; ihm folgte der Choral: ›Jesus meine Zuversicht‹. Hierauf hielt Hof- und Garnisonprediger Dr. Frommel die Weiherede. Bezugnehmend auf die Bedeutung des 18. Octobers in der preußischen Geschichte, wies er auf die Zeit der Befreiungskriege, auf die Demüthigung des Erbfeindes, auf Männer wie Gneisenau, Scharnhorst und Frhr. v. Stein hin, auf die vielen schweren Opfer, welche Preussen und Deutschland großgemacht, auf den Geburtstag des Kronprinzen, des dereinstigen Trägers der deutschen Kaiserkrone. Kein besserer Tag hätte für diese Feier gewählt werden können, als gerade der 18. October. Auch der 463 Krieger, welche auf den beiden Garnison-Kirchhöfen begraben liegen, und der um sie trauernden Hinterbliebenen gedachte er. Nach dem Schluß seiner Rede weihte er die Denkmalstätte ein, wobei sich die Fahnen und Standarten auf letztere herabsenkten, ein für jeden, welcher der Feier beiwohnte unvergeßlicher Moment. Der sodann von der Musikkapelle angestimmte Choral: ›Nun danket alle Gott‹ wurde von den Anwesenden entblößten Hauptes mitgesungen.«[16]

Warum die Denkmaleinweihung, knapp zwei Jahre später, nicht wieder den 18., sondern den 8. Oktober wählte, scheint einem konkurrierenden Event geschuldet: der *dereinstige Träger der deutschen Kaiserkrone* hatte als Friedrich III. nach nur 99 Tagen Regentschaft das Zeitliche gesegnet und, so berichtete die *Königlich privilegirte Berlinische Zeitung von Staats- und gelehrten Sachen*, kurz *Vossische Zeitung*, am 17. Oktober, »die Kaiserin Friedrich gedenkt sich morgen mit den Prinzessinnen-Töchtern Mittags nach Potsdam zu begeben, um daselbst an der feierlichen Grundsteinlegung zu dem

[16] *Neue Preußische (Kreuz-)Zeitung*, Nr. 245, Berlin, 20. Oktober 1886, S. 6

Mausoleum für weiland Kaiser Friedrich III. Theil zu nehmen«[17]. Die feierliche Enthüllung des Kriegerdenkmals fand also am 8. Oktober 1888 statt. »Der Platz um das Denkmal war reich mit Blumen geschmückt«, so die *National-Zeitung*. »Das Denkmal selbst macht einen imposanten Eindruck. Auf einigen Stufen ruht ein quadratischer Sockel, auf welchem sich ein mit einem Unterbau versehener Obelisk aus rothem Granit erhebt. Vor demselben steht ein Sarkophag, an den sich ein Krieger vom 2. Garderegiment z.F. [zu Fuß] mit dem linken Arm anlehnt, während er in der Rechten die mit dem Ehrenzeichen versehene Fahne seines Regiments gesenkt hält. Auf dem Sarkophag ruhen Trophäen, welche die verschiedenen Truppentheile versinnbildlichen, ein durchschossener Küraß, auf den ein Adler mit erhobenen Schwingen in bewegter Haltung ruht, die eroberten Fahnen und Waffen zu schützen, die zu beiden Seiten des Adlers angebracht sind. Zur linken Hand des Beschauers befindet sich eine bairische und eine sächsische Infanterie-Fahne, diesen gegenüber eine preußische Standarte und Infanterie-Fahne; weiter unten ein Ulanen-Czako und ein Artilleriehelm, sowie verschiedene Säbel und Gewehre. Beide Seiten des Obelisken tragen die Jahreszahlen 1866 und 1870/71 im Kranze. Die Vorderseite trägt die Widmung: ›Den für das Vaterland gestorbenen Kameraden der Kriegerverband Berlin und Umgegend‹; die Rückseite: ›Errichtet vom 1. Bezirk des deutschen Kriegerbundes unter Mitwirkung ehemaliger Waffengefährten und patriotischer Mitbürger 1888.‹ Das Denkmal ist 7 Meter hoch und hat einen Umfang von 3 ½ Qm. – Zur Theilnahme an der Feier versammelten sich heute Vormittag die Krieger-Vereine auf dem Kasernenhof des 1. Garde-Dragoner-Regiments in der Belle-Alliancestraße, von wo in geordnetem Zuge der Marsch zum Kirchhof erfolgte. Voran schritt eine Regimentskapelle in Civil, dann folgten die Vorstandsmitglieder des Bundes und die Vorstandsmitglieder der einzelnen Vereine, welche Kränze für die Ausschmückung des Denkmals trugen. Etwa 50 Fahnen wurden in dem Zuge mitgeführt und zwei Musikkorps spielten abwechselnd. Der Zug bewegte sich durch die Gneisenau-, Bärwald- und Blücherstraße. Auf dem Kirchhof angelangt, nahmen die Krieger um das Denkmal Aufstellung. Zu beiden Seiten des Rednerpodiums standen die Fahnenträger und die geladenen Ehrengäste [...]. Nach einem Choral bestieg Garnisonprediger Frommel, an dessen Seite sich der Feldprobst der Armee Dr. Richter befand, das mit Teppichen belegte Podium und hielt die Weiherede. Dann glitt von den mit Fahnen und Emblemen geschmückten Mastbäumen die Hülle und das Denkmal zeigte sich in seiner herrlichen Ausführung. Mit Choralmusik, einem Gebet und Hochrufen auf den Kaiser schloß die Feier. In geschlossenem Zuge verließen die Krieger den Kirchhof, um sich am Abend in der Philharmonie zu einem Kommers zu vereinen.«[18]

Die Kriegervereine behüteten nicht nur – wie Treitschke es nannte – den

[17] *Vossische Zeitung*, Nr. 495, Abendausgabe, Berlin, 17. Oktober 1888, S. 1

[18] *National-Zeitung*, Nr. 536, Abendausgabe, Berlin, 8. Oktober 1888, S. 3

Denkmal des Krieger-Verbands Berlin und Umgegend.

Idealismus des Krieges, sie boten auch ein Bollwerk gegen den Feind im eigenen Land: »So ist z.B. nach den Satzungen des Preußischen Landes-Kriegerverbandes«, so dessen Vorsitzender Alfred Westphal, »von der Aufnahme in einen Preußischen Kriegerverein ausgeschlossen, wer der sozialdemokratischen Partei angehört oder sie unterstützt, oder ihre Bestrebungen durch Worte oder Handlungen fördert. Die Kriegervereine dürfen sich aber ferner nach ihren Satzungen nicht mit der mechanischen Ausscheidung sozialdemokratisch Gesinnter begnügen, sie haben satzungsgemäß auch für Pflege, Stärkung und Betätigung monarchistischer und vaterländischer Gesinnung unter ihren Mitgliedern zu sorgen. Sie haben also die Pflicht, ihre Mitglieder in diesen Gesinnungen zu erhalten und sie von der entgegengesetzten, vor sozialdemokratischer Gesinnung zu behüten. Dies geschieht durch Begehen patriotischer Feiern und Gedenktage, durch die Kriegervereins-Presse, durch Belehrungen und Vorträge über das, was wir unserem erhabenen Herrscherhause verdanken, über die Vorzüge des monarchistischen Staates, über die Großtaten der Armee und Marine, über die Verdienste unserer Helden und großen Männer u.s.w., und es *muß* ferner geschehen durch Belehrung über die Irrlehren der Sozialdemokratie, durch Aufklärung über den unübersehbaren Schaden, den Staat und Volk, Gesellschaft und Kultur erleiden müßten, wenn die Sozialdemokratie zum Siege gelangte. Die Deutschen Kriegervereine sind hiernach auf Grund ihrer Satzungen *Kampf*stätten gegen die Sozialdemokratie und *Sammel*stätten für die ehemaligen Soldaten aus allen bürgerlichen und politischen Parteien, welche auf dem Boden der Treue zur Monarchie und zum Vaterlande stehen.«[19]

Das war unmißverständlich. Und der (para-)staatlichen Repression nach innen entsprach – wie so oft – die Expansion nach außen. »Die Zeiten, wo der Deutsche dem einen seiner Nachbarn die Erde überließ, dem anderen das Meer und sich selbst den Himmel reservierte, wo die reine Doktrin thront (Heiterkeit – Bravo!) – diese Zeiten sind vorüber«, tönte der spätere Reichskanzler Bernhard von Bülow 1897. »Mit einem Worte: wir wollen niemand in den Schatten stellen, aber wir verlangen auch unsern Platz an der Sonne. (Bravo!)«[20] Das junge, »halbhegemoniale«[21] Reich fühlte – umgeben von alten europäischen Kolonialnationen – einen Phantomschmerz. Jene fatale Mischung aus Minderwertigkeitsgefühl und vermeintlichem Zukurz- und Zuspätgekommensein, Allmachtsphantasie und Überheblichkeit ließ etliche Deutsche im Ausland ein joviales »Sedan-Lächeln«[22] zur Schau tragen;

[19] Alfred Westphal, Das Deutsche Kriegervereinswesen, seine Ziele und seine Bedeutung für den Staat, Berlin 1903, S. 7

[20] Bülow am 6. Dezember 1897, nach: Johannes Penzler (Hg.), Graf Bülows Reden nebst urkundlichen Beiträgen zu seiner Politik, Band 1, Leipzig 1903, S. 7f. Die Niederschrift dieser Reichstagsrede enthält die in Klammern mitzitierten Reaktionen.

[21] nach: Gerd Fesser, Der Traum vom Platz an der Sonne – Deutsche »Weltpolitik« 1897-1914, Bremen 1996, S. 66

[22] Karl Hillebrand, nach: Bernhard Fürst von Bülow, Denkwürdigkeiten, Band 4, Berlin 1931, S. 345

man schnitt zunächst den afrikanischen und bald darauf den »chinesischen Kuchen« an. Man wollte »Eisenbahnen bauen, Bergwerke in Betrieb setzen, europäische Kultur bringen, das heißt in einem Wort ausgedrückt, Geld verdienen«[23]. Ein sicherlich wesentlicher Antrieb, doch ebenso bot sich nicht wenigen Kolonialbeamten die Gelegenheit, ihr eigenes bescheidenes Dasein rassistisch zu überhöhen. So riefen sie selbst in ›Deutschsüdwest‹ einen Aufstand auf den Plan, den der »Große General des mächtigen Kaisers v. Trotha«[24] mit einem Völkermord beantwortete. Vom Volk der etwa 80.000 Herero wurden mehr als drei Viertel ermordet, von den rund 20.000 Nama etwa die Hälfte. Von 41 Angehörigen des Kaiser Franz-Garde-Grenadier-Regiments Nr. 2 starben sieben den »Heldentod«. »Das Offizierskorps ehrt mit diesem Stein«, der, wie einige andere Denkmale auch, zunächst einen Kasernenhof ›schmückte‹ und erst 1973 den Weg auf den Friedhof fand, »das Andenken der Helden«[25]; ein zusätzlicher »roter Granit«[26] nicht nur *dieser*, sondern *aller* »in Afrika gefallenen deutschen Soldaten«[27]. Der *Traditionsverband ehemaliger Schutz- und Überseetruppen e.V.* sorgte gemeinsam mit der *Afrika-Kameradschaft Berlin* nicht nur für die Restaurierung des stark verwitterten Steins, sondern legt noch heute regelmäßig in schwarz-weiß-rot gehaltene Kränze mit der sogenannten Petersflagge auf der Schleife – *dem* seit 1919 verbindenden Symbol kolonial-revisionistischer Organisationen – vor diesen Steinen nieder; der *Verband Deutsches Afrika-Korps e.V.* tut es ihm gleich, bezieht sich dabei aber auf einen Zeitraum, als das nationalsozialistische Ariertum vermeintlich am Zenit stand und zeigt damit eine unübersehbare

[23] Moltke am 11. Juli 1900 an seine Frau, in: Generaloberst Helmuth von Moltke, Erinnerungen Briefe Dokumente 1877-1916, Stuttgart 1922, S. 243

[24] »Ich, der große General der deutschen Soldaten, sende diesen Brief an das Volk der Herero. Herero sind nicht mehr deutsche Untertanen. Sie haben gemordet, gestohlen, haben verwundeten Soldaten Ohren und Nase und andere Körperteile abgeschnitten und wollen jetzt aus Feigheit nicht mehr kämpfen. Ich sage dem Volke: Jeder, der einen der Kapitäne an einer meiner Stationen als Gefangenen abliefert, erhält 1000 M; wer Samuel Maharero bringt, 5000 M. Das Volk der Herero muß jeder das Land verlassen [sic]. Wenn das Volk dies nicht tut, so werde ich es mit dem groot Rohr dazu zwingen. Innerhalb der deutschen Grenzen wird jeder Herero, mit oder ohne Gewehr, mit oder ohne Vieh erschossen. Ich nehme keine Weiber und Kinder auf, treibe sie zu ihrem Volke zurück oder lasse auf sie schießen. Das sind meine Worte an das Volk der Herero. Der Große General des mächtigen Kaisers v. Trotha.« Erlaß des Oberbefehlshabers der deutschen Truppen bei der Niederschlagung des Herero-Aufstandes in Deutsch-Südwestafrika (2. Oktober 1904), nach: Michael Behnen (Hg.), Quellen zur deutschen Außenpolitik im Zeitalter des Imperialismus 1890-1911, Darmstadt 1977, S. 291

[25] Inschrift des Denkmals

[26] Friedrich von Rieben, Geschichte des Königlich Preußischen Kaiser Franz Garde-Grenadier-Regiments Nr. 2, Band 2, Berlin 1914, S. 455

[27] Inschrift des Steins; Anläßlich der Feiern zum 50jährigen Bestehen der Bundeswehr im Jahr 2005 wurde er von antimilitaristischen Gruppen entführt und ist bis heute verschwunden. nach: Gedenkpolitisches Rechercheteam (Hg.), Columbiadamm – texte *gegen* deutsches heldengedenken, Berlin o.J. [2007], S. 10

Oben: Denkmal für die in Süd-West-Afrika ›Gefallenen‹ des Kaiser Franz Garde-Grenadier-Regiments Nr. 2 (»Herero-Stein«). Unten: Der zusätzliche (verschwundene) Stein mit der Widmung für *alle* in Afrika ›gefallenen‹ deutschen Soldaten.

Traditionslinie auf. *Das war ein Vorspiel nur.* »Oder ist es Zufall«, fragt der Historiker Gerd Fesser, »wenn manches an der Kriegsführung Trothas und an der Versklavung der Herero und Nama nach 1907 wie ein Vorgriff auf Hitlers Vernichtungskrieg gegen die Sowjetunion und auf dessen Vorstellungen über die Behandlung der Völker Osteuropas anmutet?«[28]

Bei all dieser Gier war der ›Dennewitz‹-Friedhof über die Jahre in Vergessenheit geraten und verwildert. Erst durch Platzmangel geweckte Begehrlichkeiten sorgten für die Erinnerung an die Ruhestätte der alten Recken – man besaß noch gerade soviel Pietät, den Boden auf menschliche Überreste zu untersuchen, diese zu sammeln und unter der kleinen Kapelle erneut zu bestatten, ehe man dieses Stückchen Erde um die Jahrhundertwende dem Garnisonfriedhof einverleibte und neu belegte. In weiser Voraussicht vergrößerte man 1912 den Friedhof fast um die Hälfte; doch war auch diese Erweiterung den bald folgenden Todesernten des kriegsgeilen Reiches nicht mehr gewachsen …

Das älteste gefundene Bild des Friedhofs: Die Beisetzung des Philosophen Eduard von Hartmann auf dem bereits neu belegten ›Dennewitz‹-Friedhof im Juni 1906.

 [28] Gerd Fesser, Traum, S. 98

III. Der Erste Weltkrieg

»Hegel bemerkt irgendwo«, behauptete Marx irgendwie recht wenig präzise irgendwoanders, »daß alle großen weltgeschichtlichen Tatsachen und Personen sich sozusagen zweimal ereignen. Er hat vergessen hinzuzufügen: das eine Mal als Tragödie, das andere Mal als Farce. [...] Die Menschen machen ihre eigene Geschichte, aber sie machen sie nicht aus freien Stücken, nicht unter selbstgewählten, sondern unter unmittelbar vorgefundenen, gegebenen und überlieferten Umständen. Die Tradition aller toten Geschlechter lastet wie ein Alp auf dem Gehirne der Lebenden. Und wenn sie eben damit beschäftigt scheinen, sich und die Dinge umzuwälzen, noch nicht Dagewesenes zu schaffen, gerade in solchen Epochen revolutionärer Krise beschwören sie ängstlich die Geister der Vergangenheit zu ihrem Dienste herauf, entlehnen ihnen Namen, Schlachtparole, Kostüm, um in dieser altehrwürdigen Verkleidung und mit dieser erborgten Sprache die neue Weltgeschichtsszene aufzuführen.«[1]

»Berlin stand gestern«, berichtete die *Vossische Zeitung* am 20. Oktober 1913, »völlig im Zeichen der Völkerschlacht-Gedenkfeier, und die Massen, die es auf die Beine brachte, und der Enthusiasmus, der diese Massen bewegte, schienen es auf einen patriotischen Wettstreit mit Leipzig, wo doch jeder das gigantische Wahrzeichen des sieghaften Schlachttages vor Augen hatte, ankommen lassen zu wollen.[2] Schon gegen Mittag setzte eine wahre Völkerwanderung nach dem Tempelhofer Feld ein, und als die dritte Nachmittagsstunde herannahte, war kein Durchkommen mehr, viele Hunderttausende waren auf den Beinen und man hörte, als der endlose Festzug doch schließlich vorüber war, nur eine Stimme des Lobes über die gute Organisation und die musterhafte Ordnung des ganzen. [...] Den Zug eröffneten Volksschulgruppen; die jungen Mädchen in weiß mit Kränzen im Haar machten sich besonders nett. [...] Dann kam der historische Zug: Voran zwei Herolde, gefolgt von vier Kürassieren. Ein Trompeter in der alten Uniform der schwarzen Husaren. Und nun leuchtet es blau auf; blaue Husaren – und vorn reitet ein Major. ›Major v. Schill! Major v. Schill!‹ rufen begeistert die Schulknaben. Die Maske ist echt; sie haben ihn erkannt. Echt ist auch der Marketenderwagen, der folgt. Und wer würde nicht sofort Andreas Hofer erkennen; vollbärtig, stämmig. So mochte er wohl ausgesehen haben. [...] Die historischen Gestalten häufen

[1] Karl Marx, Der achtzehnte Brumaire des Louis Bonaparte [1852], Leipzig 1974, S. 15
Die fleißige DDR-Wissenschaft wußte besser als Marx, *wo* Hegel bemerkte: »Vorlesungen über die Philosophie der Geschichte. Dritter Teil. Engels erwähnt diese Stelle in seinem Brief vom 3. Dezember 1851 an Marx.« ebenda, S. 135

[2] Am 18. Oktober 1913 war zum hundertsten Jahrestag der ›Völkerschlacht‹ bei Leipzig das gleichnamige Denkmal eingeweiht worden.

sich; die Weltgeschichte zieht vorüber. Was man gelesen, gelernt, wofür man sich begeistert hat – jetzt sieht man es mit Augen. Ausgelöscht ist die Umgebung. Man lebt plötzlich vor hundert Jahren. [...] Vater Jahn mit wallendem Bart; hinter ihm seine Turner – schwarz und weiß, echt. General v. Yorck, umgeben von seinem Stabe, gefolgt vom ostpreußischen Landsturm. Fichte, Schleiermacher, v. Kleist und Nettelbeck. Graf Dohna und Ernst Moritz Arndt – immer neue historische Recken-Gestalten. Und nun die Lützowschen Jäger. Eng anliegende Uniformen, schwarz, schmucklos, drohend. An der Spitze Lützow selbst. Aber die Menge erkennt doch Theodor Körner zuerst. ›Siehst du, der! Mit dem Silberlaub!‹ [...] Professor Steffens hält eine Ansprache an seine Studenten; sie glühen vor Begeisterung. Bauern, Bäuerinnen und Handwerker folgen. Ein freiwilliger Jäger vom 2. Leibhusaren-Regiment geht allein. Mit Recht: er trägt eine echte Uniform von 1813. Ein Trompeter. Und dann – der Braut- und Krönungswagen der Königin Louise. Rührend in seiner Einfachheit. Gülden, schwerfällig sich in seinen Federn wiegend, schwankt er daher, im Zuschauer eine Flut von Erinnerungen entfesselnd. Unwillkürlich ruhig wird die Menge. Doch im nächsten Moment braust es los: ›Blücher!‹ ›Marschall Vorwärts!‹ ›Seine Pfeife rauchend!‹ Es ist zweifellos eine der besten Masken im Zuge. Aber auch Gneisenau, sein Begleiter, ist gut gelungen. [...] Ein dritter Abschnitt. Generale; Scharnhorst, Bülow v. Dennewitz, Kleist v. Nollendorf, Tauentzien. Gardejäger, brandenburgische Landwehr, Landleute und Schützen von Großbeeren, Dennewitz, Jüterbog. Alte, zerschossene, nur noch in Fetzen hängende Fahnen zeugen von Ruhmestaten bis zurück ins 17. Jahrhundert. [...] Während die Musikkapellen ihre Weisen ertönen lassen und der Zug gar kein Ende nehmen will, entwickelt sich auf dem Felde ein Lagerleben voll entzückenden poetischen Reizes. Man glaubt – die Abenddämmerung begünstigt die anmutige Täuschung –, daß die Zeit von 1813 wieder lebendig geworden ist. Da lehnt sich der zum Tode verwundete Körner an einen Waffengefährten aus dem Lützowschen Freikorps, da stürmt Blücher trotz seines weißen Haares mit jugendlichem Feuermut seiner wackeren Reiterschar voran, da freuen sich die wetterharten Männer des schlesischen Landsturmes der französischen Fahnen, die sie erbeutet, das Heldenmädchen Eleonore Prochaska blickt begeistert zum General v. Yorck und dem Major v. Lützow empor. Zwischen den Tiroler Landsturm mischen sich österreichische Grenadiere und Kaiserjäger, dazwischen tauchen englische Hochländer mit Dudelsackpfeifern, Jahnsche Turner und Kosaken auf. Auch an gefangenen Franzosen fehlt es nicht. Ein buntes Lagerleben, in dem die verschiedensten Truppen und Völkertypen auftauchen, entwickelt sich. Jeden Augenblick wähnt man, der gewaltige Korse würde vor uns hintreten, um das Holzscheit ins Lagerfeuer zu stoßen.«[3]

[3] *Vossische Zeitung*, Nr. 533, Berlin, 20. Oktober 1913, S. 1f.

»Man könnte die Sache so lustig nehmen, wie sie erscheint«, schrieb Franz Pfemferts Zeitschrift *Die Aktion*, vom völkischen Erbauungskitsch gänzlich unbeeindruckt, »wenn das Schlachtfeld von Leipzig, wie alle diese Erinnerungen, der Kulturlosigkeit nicht Anlass gäbe, völkerverhetzend zu wirken. Der nationalen Reportage ist, was 1813 geschah, höchst piepe. Den damaligen patriotischen Bänkelsängern (deren Talentlosigkeit sich heute kein Tingeltangel gefallen lassen würde) gönnt man das Glück, von der Presse genannt zu werden, weil man dabei Gelegenheit findet, den französischen Nachbarn unwürdig zu behandeln. Man feiert das Gedächtnis großer Mordtage, um unauffällig für künftige neue Mordtage Stimmung machen zu können. Das muss gesagt werden, wenn's auch überschrien werden wird. Gesagt werden muss: der Steinhaufen, dem man am 18. Oktober Gelegenheit geben wird, das Landschaftsbild zu entwerten, er ist ein Sinnbild der Barbarei dieser Epoche. Jene Menschheit, die wir ersehnen, wird errötend der Zeit gedenken, da man die schwarzen Blätter ihrer Geschichte, die Stunden, da Mensch den Menschen mordete, zu bejubeln wagte.«[4]

Die Farce der Völkerschlacht-Feiern war keineswegs die Wiederholung als vielmehr die Ankündigung einer neuen Tragödie. Die Massen taumelten wie nie zuvor im patriotischen Wahn. Der letzte Krieg war lange her und zudem als ›Ausflug nach Paris‹ in Erinnerung. Daß die Moderne auch das Kriegswesen revolutioniert und maschinisiert hatte, war wenigen bewußt. Krieg schien vielen – vor allem jungen Männern – als romantische Utopie, als Verheißung, im »gewalttätigen Zusammenstoß mit dem Feind [sah man] ein Mittel der persönlichen Selbstverwirklichung«[5]. Ein neuer Mensch, eine bessere Gesellschaft, die Abschaffung der Klassenunterschiede und nicht zuletzt das Ende der Langeweile waren Motive dieser Jugendlichen, die sie gefügig machten, für Reichsregierung, Generalstab, Großindustrie, Banken und das den preußischen Staat und das Offizierskorps beherrschende Junkertum in den bereits beschlossenen Krieg zu ziehen, »der einzig ihnen [den Herrschenden] noch möglich erscheinende Ausweg aus einer ›Einkreisung‹ Deutschlands, die sie selbst durch eine Politik der Großmannssucht und säbelrasselnder Provokation, durch unersättliche Profitgier und wahnwitzige Rüstungen herbeigeführt hatten, blind gegenüber der jedem Klarblickenden deutlich erkennbaren Katastrophe, in die dieser Krieg unausweichlich führen mußte«[6].

Die Chronik eines Berliner Regiments beschreibt rückblickend die Stimmung kurz vor seinem Ausbruch so: »*Ein* Gedanke einte die Millionen, in einem Schlage fanden sich aller Herzen. Jeder wußte mit einem Male, daß er ein Deutscher war, daß er selbst nichts, das Vaterland alles bedeutete; und daß

---

[4] *Die Aktion*, Nr. 42, Berlin, 18. Oktober 1913, Sp. 975f.

[5] George L. Mosse, Gefallen für das Vaterland – Nationales Heldentum und namenloses Sterben, Stuttgart 1993, S. 71

[6] Engelmann, Untertanen, S. 317

Deutschland vor der schwersten Schicksalsstunde seines Lebens stand. – Dann fiel die Entscheidung. Stundenlang drängten sich die Massen vor dem Reichskanzlerpalais, harrten sie vor dem kaiserlichen Schloß, bis Seine Majestät auf den Balkon trat und den Sinn dieser elementaren Bewegung in die denkwürdigen Worte faßte: ›Ich kenne keine Parteien mehr, ich kenne nur Deutsche!‹«[7]

Genau an diesem Tag, als Kaiser Wilhelm II. seine berühmt-berüchtigten Worte sprach, die – ganz nebenbei – der Karnevalsprinz Guido Westerwelle nach den Terroranschlägen des 11. September 2001 in den USA meinte wiederholen zu müssen (hier folgt tatsächlich die Farce der Tragödie), hätte man wiederum in Franz Pfemferts *Aktion* unter dem Titel *Die Besessenen* seine Worte lesen können: »Das also ist die Kulturhöhe, die wir erreichten: Hunderttausende, die gesündesten, wertvollsten und wertevollsten Kräfte, zittern, daß ein Ungefähr, ein Wink der Regierer Europas, eine Böswilligkeit oder eine sadistische Laune, ein Cäsarenwahn oder eine Geschäftsspekulation, ein hohles Wort oder ein vager Ehrbegriff, sie morgen aus ihrem Heim jagt, hinweg von Weib und Kind, hinweg von Vater und Mutter, hinweg von allem mühselig Aufgebauten, in den Tod. Der irre Zufall kann heute, kann morgen, kann jede Minute rufen, und alle, alle werden kommen. Der Not gehorchend – aber gehorchend. Anfangs werden sie heulen, da sie ihr bißchen Erdenglück zusammenbrechen sehen, – bald jedoch werden sie, wenn auch nicht mit ganz sauberer Unterwäsche, vom allgemeinen Taumel besessen sein und besinnungslos morden und ermordet werden.«[8]

Nur wenige hatten das Format eines Pfemfert, in dieser Zeit derart souverän abseits zu stehen. »Um der Wahrheit die Ehre zu geben, muß ich bekennen, daß in diesem ersten Aufbruch der Massen etwas Großartiges, Hinreißendes und sogar Verführerisches lag, dem man sich schwer entziehen konnte«, räumte selbst der Pazifist Stefan Zweig in der Rückschau ein. »Wie nie fühlten die Tausende und Hunderttausende Menschen, was sie besser im Frieden hätten fühlen sollen: daß sie zusammengehörten.«[9] Zweig spürte die Versuchung, aber widerstand. Andere Autoren verfielen der »patriotischen Raserei«[10]: Thomas Mann, Gerhart Hauptmann, Rainer Maria Rilke, Alfred Kerr ... doch während der eine oder andere sich im Laufe der Zeit wieder besann, bestand bei einem der berühmtesten Schriftsteller jener Jahre nie ein Zweifel an seiner ›Gesinnung‹:

[7] Friedrich Wilhelm von Rieben, Kaiser Franz-Garde-Grenadier-Regiment Nr. 2, Oldenburg, Berlin 1929, S. 19

[8] *Die Aktion*, Nr. 31, Berlin, 1. August 1914, Sp. 671f.

[9] Stefan Zweig, Die Welt von Gestern [1944], Frankfurt am Main 1996, S. 256

[10] Giordano, Traditionslüge, S. 115

»Ich trat vor ein Soldatengrab
und sprach zur Erde tief hinab:
›Mein stiller grauer Bruder du,
das Danken läßt uns keine Ruh'.
Ein Volk in toter Helden Schuld
brennt tief in Dankes Ungeduld.
Daß ich die Hand noch rühren kann,
das dank' ich dir, du stiller Mann.
Wie rühr' ich sie dir recht zum Preis?
Gib Antwort, Bruder, daß ich's weiß!
Willst du ein Bild von Erz und Stein?
Willst einen grünen Heldenhain?‹

Und alsobald aus Grabes Grund
ward mir des Bruders Antwort kund:
›Wir sanken hin für Deutschlands Glanz.
Blüh', Deutschland, uns als Totenkranz!
Der Bruder, der den Acker pflügt,
ist mir ein Denkmal, wohlgefügt.
Die Mutter, die ihr Kindlein hegt,
ein Blümlein überm Grab mir pflegt.
Die Büblein schlank, die Dirnlein rank
blüh'n mir als Totengärtlein Dank.
Blüh', Deutschland, überm Grabe mein
jung, stark und schön als Heldenhain!‹«[11]

Dieser Leichenflüsterer ist Walter Flex, der »Theodor Körner des Weltkrieges«[12], die »Feldausgabe« Kaiser Wilhelms II.; er war *die* Stimme seiner Generation. 1917, im Jahr seines Todes – wie es sich gehört auf dem ›Felde der Ehre‹ und »innerlich so kriegsfreiwillig wie am ersten Tage«[13] – wurde der Begräbnisplatz in der Hasenheide um einen ›Heldenfriedhof‹ erweitert und in seiner Fläche

[11] Walter Flex, Die Dankesschuld, in: derselbe, Im Felde zwischen Nacht und Tag, München o.J. [1918], S. 12

[12] Borchert, Garnison-Friedhof, S. 4

[13] nach: Thomas Medicus, Jugend in Uniform – Walter Flex und die deutsche Generation von 1914, in: Ursula Breymayer / Bernd Ulrich / Karin Wieland (Hg.), Willensmenschen – Über deutsche Offiziere, Frankfurt am Main 1999, S. 94
»Gewisse biographische Ähnlichkeiten zwischen Walter Flex und seinem obersten Kriegsherrn gleichen einem Treppenwitz der Weltgeschichte. Wie bei Wilhelm II., so führte der moralische Sieg über eine mißgebildete Physis auch bei dem Leutnant der Reserve zu einem kompensatorischen Charakter, der fortwährend Schwäche durch vorgetäuschte Stärke zu verbergen suchte. Seine Geburtsverletzung – ein unterentwickelter rechter Arm – machte Flex zum Spiegelbild des forschen Kaisers, der bekanntlich lebenslang unter seiner verkümmerten Linken litt. [...] Sein neurophysiologisch bedingter, kompensatorischer Charakter läßt diesen Leutnant als *Feldausgabe* des letzten deutschen Kaisers erscheinen.« in: ebenda, S. 94f., Hervorhebung A. B.

abermals fast verdoppelt. »Diese Anlage wurde durch sofortige Belegung schon zum Monument«, schwärmte der Autor Hans Martin. »Das einzelne Grab mußte sich dem Leitgedanken unterordnen. 12 gleiche quadratische Felder, in der Mitte von je einem Hochkreuz überragt, sollten den Kern des Ganzen bilden, welcher wiederum von einem noch mächtigeren Hochkreuz, auf einer Fläche in der Mitte der ganzen Anlage stehend, beherrscht werden sollte.« Zudem, so Martin weiter, wurde eine neue Friedhofsordnung herausgegeben: »Der neue Teil des Garnisonfriedhofes soll zu einem ›Ehrenfriedhof‹ für die dort ruhenden Krieger ausgestaltet werden – den Bestatteten zur Ehre, den Angehörigen zum Stolz und den kommenden Geschlechtern zum besonderen Gedächtnis an die Opfer dieses ungeahnt schweren Völkerringens. Er muß deshalb die Hauptmerkmale eines Kriegerfriedhofes zeigen. Die Toten haben im Heere ohne Unterschied in Reih′ und Glied gestanden und unter den gleichen Gefahren ihr Leben auf dem Felde der Ehre hingegeben. Deshalb sollen ihre Grabstätten den gleichen Schmuck – wenigstens in bestimmten Gruppen – aufweisen. Dieser Schmuck soll schlicht und würdig sein, wie es dem Ernste des Soldatentodes entspricht.«[14] »Zum ersten Mal beherrscht das Ganze ein künstlerischer Gedanke«, bemerkte Karl Plumeyer und fügte – frei von jedem Zynismus – seufzend hinzu: »Was für ein gewaltiger Fortschritt in kultureller Beziehung gegenüber der alten Zeit.«[15]

»In den vier Jahren von 1914-18«, so Ralph Giordano, »kämpften an allen Fronten 65 Millionen Soldaten, von denen 20 Millionen verwundet und 10 Millionen getötet wurden – darunter 2 Millionen Deutsche, 1,7 Millionen Franzosen, etwa ebenso viele Russen, 950.000 Briten, 115.000 Amerikaner, 1,5 Millionen Untertanen Österreich-Ungarns, eine halbe Million Italiener, und eine unbekannte Zahl von Türken, Bulgaren, Serben und Griechen. Achtzig Jahre nach seinem Ende, 1998, schrieb die französische Zeitschrift *Libération*: ›Der Erste Weltkrieg war der Selbstmord Europas und die große Fabrik künftiger Monster.‹«[16]

[14] Hans Martin, Der Ehrenfriedhof in der Hasenheide, in: Mitteilungen, S. 53
[15] Plumeyer, in: Mitteilungen, S. 51
[16] Giordano, Traditionslüge, S. 121

IV. Die Weimarer Republik

»Militärfriedhöfe als Orte der Verehrung und der bewußten Zusammenführung individueller Gräber waren«, schreibt der Historiker George L. Mosse, » – in Europa jedenfalls – das unmittelbare Resultat des beispiellosen und ungeahnten Blutbads des Ersten Weltkriegs. [...] Die Heldenhaine und Soldatenfriedhöfe lösten die Todesgedanken in besänftigende und erhebende Mythen und Symbole auf. Der abgegrenzte Raum des Kults und die Reihengräber ordneten die Tragödie des Individuums der größeren nationalen Sache unter. [...] Die Ruhestätten der Gefallenen waren Altäre der Verehrung, die dem höheren Ziel geweiht waren, dem auch der Krieg angeblich diente: der Verteidigung der Volksgemeinschaft, die eine *imitatio Christi* erforderte und auf ein künftiges Heroengeschlecht vorauswies. Aus diesen Gräbern standen die Toten auf und beschworen die Lebenden, die Größe Deutschlands nach der Niederlage wiederherzustellen.«[1] Dies war der Beginn des nun aufblühenden Gefallenenkults bei den deutschen Kriegsverlierern; er geriet zum reaktionären Racheschwur, zur Absage an die ›Novemberverbrecher‹ der ›Judenrepublik‹. Nicht wenige rückkehrende Soldaten waren zudem menschliche Wracks oder Monster, unfähig, im zivilen Leben einen Platz zu finden. »Die Leute sagen, der Krieg sei vorbei«, zitiert die Journalistin Barbara Ehrenreich einen Freikorpssoldaten. »Da konnten wir nur lachen. Wir selbst sind der Krieg.«[2] »Der Krieg hat die Auffassung von der Heiligkeit des Menschenlebens zerstört, den Mord als Handwerk geschaffen, die wurzellosen Existenzen gegründet, die als Freischärler dieses ihr Handwerk auch in den Frieden hinein übernehmen mußten um leben zu können«, erkannte der Mathematiker und Pazifist Emil Julius Gumbel eine Ursache für die politischen Morde der Zeit. »Er hat den unbedingten Gehorsam gegenüber den Vorgesetzten, das gedankenlose Nachplappern der nationalen Phrasen begründet und jeden ›Feind des Vaterlandes‹ mehr oder minder vogelfrei gemacht.«[3]

Am zehnten Jahrestag des Kriegsausbruchs riefen Reichspräsident Ebert und Reichskanzler Marx in einer gemeinsamen Erklärung zur Errichtung eines deutschen Ehrenmals für die ›Gefallenen‹ auf. Schnell standen unzählige Gemeinden aus ganz Deutschland Gewehr bei Fuß. »Man streitet sich heute, wo man einst das ›Heldennationaldenkmal‹ aufbauen solle«, mischte sich Hugenbergs *Berliner Lokal-Anzeiger* in die Diskussion. »Zu den würdigsten Plätzen dürfte doch sicher der Heldenfriedhof der Reichshauptstadt

[1] George L. Mosse, Soldatenfriedhöfe und nationale Wiedergeburt, in: Klaus Vondung (Hg.), Kriegserlebnis, Göttingen 1980, S. 249 und 256f.

[2] nach: Barbara Ehrenreich, Blutrituale – Ursprung und Geschichte der Lust am Krieg, München 1997, S. 183

[3] *Illustrierte Reichsbanner-Zeitung*, Nr. 19, Magdeburg, 9. Mai 1925, S. 291

gehören. Kann ein solches Denkmal einen besseren Platz finden, als inmitten der Reihen derer, für die es errichtet wird?«[4] Schnell zeigte sich allerdings, daß diese Idee gegen die Umgestaltung der *Neuen Wache* im Zentrum Berlins, den *Heiligen Hain* beim thüringischen Bad Berka oder die *Toteninsel* im Rhein bei Lorch auf verlorenem Posten stand.[5] So waren es meist Kriegervereine und Veteranen der aufgelösten Regimenter, die auf dem Friedhof »nachträglich die Schlachten [gewannen], die verlorengegangen waren«[6]. Die meisten Denkmale wurden auch in dieser Zeit hier aufgestellt: das des Reserve-Infanterie-Regiments Nr. 261 und des Westpreußischen Fußartillerie-Regiments Nr. 11, des 1. und 2. Garde-Dragoner-, des Augusta-, des Alexander- und des 2. Garde-Reserve-Regiments.
Aber die Aktivitäten trügen. Der Friedhof befand sich in einem erbarmungswürdigen Zustand. »Lichtscheues Verbrechergesindel [hatte] große Teile bronzenen Denkmalschmuckes gestohlen – schnöden Geldes wegen.«[7] »Überhaupt sind allerhand Metallteile im großen Umfange entwendet. Man hat sogar das Kriegerdenkmal von 1886 arg verschandelt. Das Metall wurde ja gut bezahlt. Aber nicht nur Gewinnsucht verleitete bübische Hände zu schmählichen Schandtaten. Wenn man an der Ostmauer entlang geht, so sieht man, daß fast alle Marmorkreuze, Tafeln usw. zerstört sind. Mit Stangen und anderem Werkzeug hat man lediglich aus Zerstörungswut kostbare Zeichen der Liebe und der Verehrung vernichtet, wie es schlimmer nicht ausgemalt werden kann.«[8] »Leere Vertiefungen in und auf Grabmälern, einst Bronzeplaketten, Helme, Schwerter, Eiserne Kreuze, Metallkränze, krönende Adler bergend, reden eine ernste Sprache vom sittlichen Verfall eines wenige Jahre zuvor von höchsten Ehrbegriffen beseelten und dadurch zu gewaltigen Leistungen befähigten Geschlechts.«[9] »Unser Heldenfriedhof ist ferner von einem Bretterzaun umgeben, bei dem stets eine größere Anzahl von Planken fehlen, weil sie fortdauernd gestohlen werden.«[10] Mit einem Satz: »Berlin besitzt heute einen Garnison-Ehrenfriedhof, der sich nicht sehen lassen kann.«[11]

Wilhelm Borcherts Friedhofsführer von 1930, der – laut Selbstauskunft – seine Aufgabe erfüllte, wenn er »in die Hände recht vieler Glieder der von den Lockungen eines geistlosen Materialismus und eines vaterlands-

[4] *Berliner Lokal-Anzeiger*, Nr. 550, Morgenausgabe, 19. November 1924, S. 5

[5] dazu: Peter Bucher, Die Errichtung des Reichsehrenmals nach dem ersten Weltkrieg, in: Jahrbuch für westdeutsche Landesgeschichte, 7. Jg., Koblenz 1981, S. 359-386
Tatsächlich wurde in der Weimarer Republik kein Reichsehrenmal eingerichtet. Die 1931 eingeweihte *Neue Wache*, die häufig dazu erklärt wird, war das preußische Ehrenmal. Ein Reichsehrenmal gab es erst ab 1935 wieder: das Tannenbergdenkmal in Ostpreußen.

[6] Schütze, Befreiungskriegen, S. 64

[7] Borchert, Garnison-Friedhof, S. 37

[8] Plumeyer, in: Mitteilungen, S. 52

[9] Borchert, Garnison-Friedhof, S. 37

[10] *Berliner Lokal-Anzeiger*, Nr. 550, Morgenausgabe, 19. November 1924, S. 5

[11] Martin, in: Mitteilungen, S. 53

Von links oben nach rechts unten: Denkmal des Westpreußischen Fußartillerie-Regiments Nr. 11, Denkmal des 1. Garde-Dragoner-Regiments, Denkmal des Reserve-Infanterie-Regiments Nr. 261 und Denkmal des 2. Garde-Dragoner-Regiments.

leugnenden Internationalismus gefährdeten deutschen Jugend gelangen würde«[12], dieses »hübsch mit Bildern und Karten ausgestattete«[13] »Ehrenbuch für unsere Soldatengeschlechter«, welches »auch der Beantwortung der tiefernsten Fragen nicht ausgewichen [ist], die sich jedem vaterländisch empfindenden Besucher der letzten Rast Zehntausender[14] toter Soldaten gebieterisch aufdrängen« und welches sich besonders eignet »als Geschenk an alle Frauen und Männer, denen die Begriffe Vaterland, Opfertod, Hingabe an eine große sittlich Idee, im Wandel der Zeiten lebendig und teuer geblieben sind, vor allem aber für die reifere Jugend«[15], gibt einen Eindruck von der evokatorischen Wirkung des Friedhofs auf den (rechts-)konservativen Mainstream dieser Jahre:

»An die Zeiten deutscher Weltgeltung erinnert die [...] Ruhestätte eines alten Schutztruppen-Offiziers aus der ostafrikanischen Kolonie [...]. Das Gedenken an das gleiche Feld fruchtbarer, ob ihres Erfolges den Neid fremder Mächte erregender deutscher Kulturarbeit im schwarzen Erdteil weckt das Grab des 1892 hier beigesetzten Afrikaforschers Hauptmann Kling, dessen Gedenkstein zugleich das ehrende Gedächtnis mehrerer anderer, meist Tropenkrankheiten erlegenen Kolonialpioniere bewahrt. [...] Mehrere weitere Kriegsdenkmäler [...] haben am breiten Zugangswege [...] ihre bleibende Stätte gefunden. Zuerst zieht das am rechten Wegrand aufgestellte Denkmal für die Gefallenen des Kaiser Alexander Garde-Grenadier-Regiments Nr. 1, geschaffen vom Direktor der Preußischen Staatsgießerei Professor Kurt Kluge, die Aufmerksamkeit des Friedhofsbesuchers auf sich. Es verkörpert, in Bronzeguß, in einem unter der Fahne sterbenden Krieger den während der Marneschlacht am 9. September 1914 mit dem Feldzeichen in der Hand gefallenen Fahnenjunker-Unteroffizier des Füsilier-Bataillons, Freiherrn von der Recke von der Horst. (An der ruhmbedeckten Fahne selbst ist der Heldentod ihres Trägers durch einen silbernen Ring mit Inschrift festgehalten.) Ursprünglich sollte das Denkmal des in Berlin so volkstümlichen Regiments im Tiergarten aufgestellt werden, nachdem der Künstler – ministerieller Forderung schweren Herzens entsprechend – den den derzeitigen Gewalthabern allzu ›kriegerisch‹ anmutenden Helm vom Haupte des Kriegers entfernt hatte. Ungeachtet dieses Zugeständnisses wurde die Erlaubnis zur Errichtung im Tiergarten oder im Park Bellevue in letzter Stunde doch verweigert.

[12] Borchert, Garnison-Friedhof, S. 4

[13] Rezension von Friedrich Granier in: Forschungen zur Brandenburgischen und Preußischen Geschichte, 43. Band, München, Berlin 1930, S. 433

[14] Heute befinden sich auf dem Friedhof 7395 Einzelgräber der »Opfer von Krieg und Gewaltherrschaft«, davon sind ca. 6000 Soldatengräber des Ersten Weltkriegs. Volksbund Deutsche Kriegsgräberfürsorge e.V. – Landesverband Berlin (Hg.), Für den Frieden – Gedenkstätten und Gräber der Opfer von Krieg und Gewaltherrschaft in Berlin, Berlin 2000, S. 76; zur Definition des Opfereintopfs (zu dem neben Soldaten u.a. auch Bomben-, KZ-, Euthanasie-, Maueropfer und Vertriebene gehören) siehe: ebenda, S. 75

[15] Rezension in: *Kriegsgräberfürsorge*, Nr. 10, Berlin 1931, S. 159

Links: Erinnerung an die koloniale Eroberung Afrikas: Denkmal für einige Afrika-›Forscher‹.
Rechts: Denkmal des Kaiser Alexander Garde-Grenadier-Regiments Nr. 1.

[...] Ebenfalls dem Andenken einer Gardetruppe und ihrer im Felde gebliebenen Söhne ist das dem Alexander-Monument benachbarte Denkmal des 2. Garde-Reserve-Regiments gewidmet. Das vom Architekten Bawlitza-Berlin entworfene, vom Bildhauer K. Kluckow-Neukölln modellierte und ausgeführte sehr bemerkenswerte Ehrenmal stellt einen im siegreichen Sturmangriff [!] tödlich getroffenen Handgranatenwerfer dar: ein Sinnbild des aus Angehörigen aller Garde-Regimenter bei Kriegsausbruch zusammengestellten Truppenteils. Gleich ihm aus breiter Basis herauswachsend, erhebt sich der junge Krieger, in dessen Antlitz Erlebnisse und Entbehrungen der Kriegszeit schon ihre Runen eingegraben haben, gerade entschlossen zum Vorstürmen aus dem Schützengraben, als eine feindliche Kugel seinem mannhaften Kämpfen ein frühes Ende bereitet. Sein brechendes Auge kündet, daß er bereits um die letzten Dinge weiß. Diesem Kriegerschicksal gleicht das des tapferen Regiments, das nach kurzem glorreichen Aufstieg durch den Kriegsausgang sein jähes Ende fand.«
»Die heroische Stimmung des deutschen Volkes in der gewaltigsten Mannesprobe, die je eine Nation zu bestehen hatte«, so Borchert an anderer Stelle weiter, »spiegelt sich an vielen Gräbern steingehauen und erzgegossen wider. Schlicht und stolz schließt die Inschrift am Hügel eines 1916 seiner Wunde erlegenen Hauptmanns mit dem alten, doch nie veraltenden Römerworte:

Der im ›siegreichen Sturmangriff‹ tödlich getroffene Handgranatenwerfer: Denkmal des 2. Garde-Reserve-Regiments.

Süß und ehrenvoll ist es, für's Vaterland zu sterben. [...] Hat man in der Wahl des Besuchstages Glück, so wird man vielleicht unvermutet Zeuge der Beisetzung eines Frontkämpfers und der treubewahrten schönen Gebräuche einer solchen Bestattung: Bei seinem letzten Wege zum Grabe erklingt in den Reihen alter Kriegskameraden das ›Achtung, Stillgestanden‹, über seiner Gruft senken Kameradenhände Fahne oder Standarte zum letzten Gruß, die so feierlich-melodiösen Klänge der alten Kavallerie-Retraite hallen über den Friedhof hin, oder, nach altem Feldgebrauch, drei knatternde Gewehrsalven [...]. Handelt es sich um die Beerdigung einer Persönlichkeit von besonderer Geltung, oder ist etwa die Weihe eines neuen Denkmals angesagt, so füllt sich der Friedhof zuweilen mit einer nach Hunderten zählenden Teilnehmerschar, die nicht selten durch Teilnahme einer Reichswehr-Abteilung im Stahlhelm und von Angehörigen des alten Heeres in ihren farbenfreudigen Vorkriegsuniformen ein reizvoll-buntes Gepräge erhält.«[16]

Doch es gab auch weniger euphorische Stimmen: »Die Gedenk- und Trauerfeier für die im Weltkrieg Gefallenen nahm auch in Neukölln einen würdigen Verlauf«, berichtete das *Neuköllner Tageblatt* am 5. August 1924. »Die öffentlichen Gebäude und auch einzelne Privathäuser hatten geflaggt. In den Kirchen wurden um 10 Uhr vormittags Trauer-Gottesdienste zum Gedächtnisse an den Ausbruch des Weltkrieges vor 10 Jahren abgehalten. Auf dem Garnisonfriedhof in der Hasenheide wurden von Deputationen des Aktionsausschusses ›Nie wieder Krieg‹ der deutschen Liga für Menschenrechte und des Reichsbundes der Kriegsbeschädigten an den Gräbern der unbekannten deutschen und ehemalig feindlichen Soldaten Kränze niedergelegt. An der Feier nahm eine Abordnung der interalliierten Militärmission teil.«[17] Im Auftrag der *Deutschen Liga für Menschenrechte* hatte der bereits erwähnte Mathematiker Emil Julius Gumbel zahlreiche, an Genauigkeit, Fleiß und Mut kaum zu überbietende Publikationen vorgelegt. Bereits im Jahr 1922 konstatierte er 354 politische Morde von rechts, bei einer Gesamtstrafe von 90 Jahren und 2 Monaten Haft, 730 Mark Geldstrafe und einer lebenslänglichen Freiheitsstrafe, gegenüber 22 Morden von links, bei der Gesamtstrafe von 10 Erschießungen, 248 Jahren und 9 Monaten Haft sowie 3 lebenslänglichen Zuchthausstrafen.[18] Neben dem »entsittlichenden Einfluß des Krieges« nannte er in der *Illustrierten Reichsbanner-Zeitung* weitere Ursachen für diese Gewaltakte: »Der zweite Grund ist die Inflation, die zu einer maßlosen Machtakkumulation des Großkapitals, zum Hunger des Bürgertums, dem Elend der Beamtenschaft und einer ungeheueren Senkung des Reallohnes der Arbeiter geführt hat. Um jeden machtvollen Einspruch gegen dieses System unmöglich zu machen, und um diese ›Ruhe und Ordnung‹ zu schützen, hat das Großkapital um sich jene Geheimbünde geschart. Die Führer dieser Banden

[16] Borchert, Garnison-Friedhof, S. 40, 52f. und 47ff.
[17] *Neuköllner Tageblatt*, Nr. 182, 5. August 1924, S. 5
[18] Emil Julius Gumbel, Vier Jahre politischer Mord, Berlin 1922, S. 78 und 80

Republikanisches ›Gefallenen‹-Gedenken auf dem Garnisonfriedhof im November 1927.

wiederum haben ihren Auftrag dahin aufgefaßt, daß sie die Führer der Geknechteten beseitigten, um damit jede Opposition gegen die schrankenlose Herrschaft des Großkapitals unmöglich zu machen. [...] Wer das Geldverdienen aus der Verelendung breiter Massen nicht für eine patriotische Tat hält, der war ein Feind des Vaterlandes und seine Beseitigung ist ein gutes Werk. [...] Die dritte Ursache ist die monarchistische Einstellung der Verwaltung, insbesondere der Justiz. Die nach dem Zusammenbruch des Krieges siegreichen Parteien der Opposition der Vorkriegszeit haben nicht etwa, nach altpreußischen Prinzipien, restlos den Staat für sich in Anspruch genommen. Der alte Beamtenapparat ist geblieben, und mit ihm die Auffassung, daß der Anhänger des neuen Staates, der Republikaner, ein Feind des Vaterlandes sei. Die Konterrevolution will nur den Monarchisten die Staatstreue zubilligen, und so steht schließlich nicht der Mörder, sondern der Ermordete vor dem Richter. Die Unbestraftheit gehört wesentlich mit zum System der politischen Morde. [...] Immer haben die Gerichte bei der wichtigsten Aufgabe, der Aufdeckung der Hintergründe, versagt, immer wieder sind nur die ausführenden Organe angeklagt worden, immer wieder hat sich eine schützende Hand über die Geldgeber und Anstifter gestellt.«

Blättert man diese Zeitung einige Seiten weiter, liest man folgenden Nachruf: »Unser Kamerad Schulz ist ein neues Opfer jenes nationalistischen

Hakenkreuzlertums geworden, das seine Hauptaufgabe in der Erziehung zur Brutalität, zur Gewalttätigkeit und zum Morde sucht. Tief erschüttert standen mit den Angehörigen die Berliner Kameraden am offenen Sarg. Tausende gaben das letzte Geleit. Erich Schulz ist für uns alle gestorben. Er fiel unter den schwarzrotgoldenen Farben seines geliebten Reichsbanners, ein guter Kamerad. Nun hat er das letzte, höchste Opfer gebracht im heiligen Krieg, den wir um die Republik führen. Wir haben ihn zu Grabe getragen, doch vergessen werden wir ihn nicht, den toten Soldaten der Republik.«[19] Ein Jahr später errichtete man auf seinem Grab auf dem Garnisonfriedhof einen Gedenkstein. »Der Täter«, so Gumbel, »der, kaum 20 Jahre alt, einen Waffenschein besitzt, wird freigesprochen, weil er angeblich in Notwehr gehandelt hat.«[20] Was in der Republik ebenfalls ungestraft blieb, klagte eine weitere Publikation der *Liga* an: »Ein besonders auffälliger Vorgang bei der Enthüllung eines Denkmals für die Gefallenen des Augustaregiments in Berlin ist vielen noch in deutlicher Erinnerung.«[21] »Vor dem eigentlichen Enthüllungsakt ein Festgottesdienst«, faßte die *Vossische Zeitung* knapp zusammen. »In Gegenwart zahlreicher Generalität des alten Heeres. Prinz Oskar von Preußen, Offiziere der Reichswehr, eine Kompagnie der Reichswehr aus Liegnitz – die ›Traditionskompagnie‹ –, Offiziervereine, Kriegervereine, Stahlhelm, ›Jungdo‹, Abordnungen der sogenannten ›Vaterländischen Verbände‹. [...] ›Ich habe die hohe Ehre, daß Se. Majestät der Kaiser und König mich beauftragt haben‹«, begann der General Sixt von Armin seine Ansprache und es sei daran erinnert, Deutschland war seit fast sieben Jahren eine Republik, »›das Denkmal des Regiments Augusta und seiner Reserveregimenter 55 und 202 einzuweihen. Wir gedenken seiner in ehrfurchtsvoller Dankbarkeit und unwandelbarer Treue und sind, so wie er bei uns, im Geiste bei ihm.

Grabstätte des Reichsbanner-Manns Erich Schulz.

[19] *Illustrierte Reichsbanner-Zeitung*, Nr. 19, Magdeburg, 9. Mai 1925, S. 291f. und 299

[20] Emil Julius Gumbel, Lasst Köpfe rollen – Faschistische Morde 1924-1931, Berlin 1931, in: derselbe, Auf der Suche nach Wahrheit, Berlin 1991, S. 54f.

[21] Deutsche Liga für Menschenrechte e.V. (Hg.), Acht Jahre politische Justiz. Das Zuchthaus – die politische Waffe, Berlin 1927, S. 267

[...] Das oberste Gesetz für uns alle ist das der Pflichterfüllung, getreu den Kriegsartikeln und dem Fahneneid, den wir Sr. Majestät geschworen haben.‹ [...] Dann kam die eigentliche Denkmalsweihe, zu der auch Reichspräsident v. Hindenburg erschien.«[22] »Unter den Klängen des Liedes vom guten Kameraden [fiel] die Hülle des Ehrenmales, das auf hohem Sockel einen mit einem Tuch bedeckten gefallenen Helden darstellt. Auf ihm liegt unter einem Stahlhelm das im Kampf zerbrochene mit Lorbeer umkränzte Schwert.«[23] »Die geballte Faust [...] deutet an, daß dieser den heiligen Zorn über den feigen Ueberfall auf das deutsche Vaterland durch rachsüchtige, ländergierige, handelsneidische Feinde und den schmachvollen Ausgang des heldenhaften Ringens mit ins Grab nimmt. [...] ›Exoriare aliquis nostris ex ossibus ultor‹«, *Mag ein Rächer einst erstehen aus meinen Gebeinen*, hieß es auf der Rückseite des Denkmals. »Für jeden, der im Weltkriege einen teuren Menschen für das Vaterland dahingegeben hat, verdichtet sich der gewaltige Eindruck des steinernen Gefallenen zur schmerzlichen Ergriffenheit – die höchste Wirkung, die ein Kunstwerk dieser Art auszuüben vermag.«[24] Es wird »zur Mahnung, in unerschütterlichem Glauben an deutsche Zukunft und deutsche Wiedergeburt alles einzusetzen für ein mächtiges geeintes Vaterland von der Maas bis an die Memel von der Etsch bis an den Belt! Und nicht müde zu werden in fester Zuversicht, daß einst der Tag kommen muß und kommen wird, an welchem wir Vergeltung üben für die Entehrung, die unsere Feinde mit den schmachvollsten Mitteln über unser Volk und Vaterland brachten. Denn nicht ein Sieg mit Waffen, sondern die satanische Macht der Lüge und Verleumdung, der Verführung und Vergiftung unseres Volkes schlug uns zu Boden.«[25] »Zu beiden Seiten des Denkmals hielten zwei Offiziere der Reichswehr mit gezogenen Degen und zwei Mann in der Paradeuniform des alten Regiments sowie zwei Soldaten der Reichswehr mit aufgepflanztem Bajonett die Ehrenwache. Während der Feier umkreisten in niedriger Höhe mehrere Flugzeuge den Platz, von denen eines einen Kranz abwarf.«[26] »Er [Hindenburg] trug Feldmarschalluniform. Legt, als zweiter, – der Kranz ›Sr. Majestät des Kaisers und Königs‹ war der erste, – einen Kranz am Denkmal nieder, nimmt den Vorbeimarsch der Reichswehrkompagnie, der Veteranen des Regiments, des ›Stahlhelms‹ und der ›Jungdo‹-Mannschaften und der anderen ›vaterländischen‹ Organisationen ab und fährt zurück in die Wilhelmstraße. Soweit der Vorgang. Er ist eine unerhörte Provokation der verfassungstreuen Mehrheit des deutschen Volkes und eine gefährliche Bloßstellung der Reichswehr in den Augen des Volkes. Und weil er das ist, weil er ein unglaublicher Skan-

[22] *Vossische Zeitung*, Nr. 245, Berlin, 13. Oktober 1925, S. 3
[23] *Neuköllner Tageblatt*, Nr. 240, 13. Oktober 1925, S. 3
[24] Borchert, Garnison-Friedhof, S. 65f.
[25] Festschrift zur Weihe des Denkmals für die im Kriege 1914-1918 gefallenen Helden des Königin Augusta Garde-Grenadier-Regiments Nr. 4 und seiner Töchterregimenter, Berlin 1925, S. 5
[26] *Neuköllner Tageblatt*, Nr. 240, 13. Oktober 1925, S. 3

dal ist, so sagen wir: Genug! Genug des Mißbrauchs der Anhänglichkeit an die Toten, die – nicht für Kriegsartikel oder Fahneneid –, die aus Liebe zum ringsum bedrohten Vaterland ihr Leben hingaben, mit ihren Leibern die Heimat deckten! Genug des Mißbrauchs der Kameradschaftlichkeit und des Andenkens an gemeinsam überstandene Schicksale! Genug vor allem des Mißbrauchs, der mit der Person des Präsidenten der deutschen Republik getrieben wird. Wenn ein alter General eine ›Rede‹ heruntersagt, wie er sie schon hundertmal heruntergesagt hat, seit er Kompagniechef geworden, so ist das *seine* Sache und die Sache derer, die sich das anhören wollen. Wenn ein Verein ein Denkmal aufstellt und dies mit Festlichkeiten für Vereinsmitglieder verbindet, ist das auch seine Sache. Aber es beginnt sich um die Sache des deutschen Volkes und des deutschen Staates zu handeln, wenn bei solchen Gelegenheiten die Wehrmacht des Reiches offiziell mitmacht und der Präsident der Republik durch seine Gegenwart der Feier öffentlichen Charakter verleiht.«[27]

Für den Kunstwissenschaftler Christian Saehrendt ist hier »die politische Klimawende [markiert], die mit der Wahl Hindenburgs begonnen hatte und einem aggressiveren Nationalismus freie Bahn schuf«[28]. Tatsächlich sollten die ruhigeren und stabileren Jahre der Weimarer Republik bald vorbei sein. Zählte Gumbel für die Jahre 1924 bis 1929 je zwischen 3 und 6 faschistischen Morden, stieg die Zahl 1930 auf 20 und im ersten Halbjahr 1931 konstatierte er bereits 18.[29] »Parteiarmeen traten gebieterisch auf, bereit zum Bürgerkrieg. Die Nazis hatten zwei Armeen: die aristokratische SS und die proletarische SA. 1931 waren sie 100.000 Mann stark. Sie wuchsen unter Röhm in einem Jahr auf das dreifache. Die Deutschnationalen hatten den Stahlhelm, die Kommunisten den Roten Frontkämpferbund, die Regierungsparteien das Reichsbanner.«[30] Diese letztgenannte, von den Nationalsozialisten als ›Reichsjammer‹ verspottete, überwiegend sozialdemokratische Parteiarmee, wurde 1924 gegründet und wollte die »Gegner der Republik niederkämpfen, mit denselben Mitteln, mit denen sie die Republik angreifen«.[31] Auch rhetorisch blieb man konventionell: der ermordete (und zuvor erwähnte) Erich Schulz etwa war *ein guter Kamerad*, der *das letzte, höchste Opfer* im *heiligen Krieg* brachte, der nun nicht mehr für Kaiser, Gott, Vaterland oder ähnliches, sondern *um die Republik* geführt wurde.

Neben dem Reichsbannermann fand auch der sozialdemokratische Polizist

Bilder der folgenden Seiten: Einweihung des Denkmals für das Königin Augusta Garde-Grenadier-Regiments Nr. 4 im Oktober 1925.

[27] *Vossische Zeitung*, Nr. 245, Berlin, 13. Oktober 1925, S. 3

[28] Christian Saehrendt, Der Stellungskrieg der Denkmäler – Kriegerdenkmäler im Berlin der Zwischenkriegszeit (1919-1939), Bonn 2004, S. 97

[29] Gumbel, Suche, S. 79

[30] Emil Julius Gumbel, Vom Fememord zur Reichskanzlei, Heidelberg 1962, S. 79

[31] *Das Reichsbanner*, Nr. 1, Magdeburg 1924, S. 1f., nach: Saehrendt, Stellungskrieg, S. 17

Abholen der Festteilnehmer von den Bahnhöfen

Aufmarsch der Fahnen

Einmarsch der Augusta-Kompanie

Aufstellung auf dem Kasernenhof

Ansprache Exc. Sixt v. Armin

Abschreiten der Fronten

Die Augusta-Fahnen auf dem Marsch zum Garnison-Friedhof

In Erwartung der Ehrengäste

Generalfeldmarschall v. Hindenburg trifft ein

Prinz Oskar von Preußen und der Vertreter
des Großherzogs von Baden

Exz. v. Hindenburg begrüßt die Augusta-Kompanie

Exz. v. Hindenburg tritt zum Denkmal

Weiherede Exz. Sixt v. Armin

Die Hülle fällt, die Fahnen senken sich
Ein Flieger wirft einen Kranz ab

Das Denkmal im Schmuck der Kränze

Der Weiheakt, Gesamtaufnahme

Paul Zänkert, der von Kommunisten auf dem Senefelder Platz erschossen wurde, auf dem Garnisonfriedhof seine letzte Ruhe. »Die kleine Halle des Friedhofs vermochte nur einen Bruchteil von denen zu fassen, die gekommen waren, um dem heimtückisch Ermordeten die letzte Ehre zu erweisen«, berichtete der *Vorwärts*. »Viele hundert Kameraden des Toten, Kranzdelegationen der verschiedenen Reviere und Polizeiinspektionen, darunter eine große Zahl Offiziere, gaben dem so plötzlich aus ihren Reihen gerissenen Kollegen das letzte Geleit. Die Sozialdemokratische Partei war durch eine Fahnendelegation der 28. Abteilung, der Zänkert angehörte, vertreten. Das Reichsbanner ehrte den Toten durch ein prächtiges Kranzgebinde. Der Polizeipräsident Genosse Grzesinski, Vizepräsident Dr. Weiß und der Stellvertretende Kommandeur der Berliner Schutzpolizei, Oberst Gentz, weilten unter der großen Schar der Trauergäste. Nach den Worten des Pfarrers glitt der schwarze einfache Sarg auf einem Kondukt, unter den Trauerklängen der Schupokapelle, durch die Reihen der spalierbildenden Schupobeamten zur Gruft. Das rote Banner der Partei senkte sich, als der Sarg langsam in die Tiefe glitt.«[32]

Szenenwechsel: Am 21. Juli 1931 trug sich in Kreuzberg – nach der Urteilsbegründung des Landgerichts – folgende Begebenheit zu. »Gegen 21 ½ Uhr abends standen [Hans] Hoffmann und [Heinz] Perghammer mit ihren Fahrrädern an der Ecke des Lausitzer Platzes und der Waldemarstraße [...] Hoffmann und Perghammer wollten sich gerade verabschieden, als aus der Waldemarstraße eine Anzahl junger Burschen kam, die offenbar zusammengehörten, aber in drei Gruppen von drei, vier und drei Mann in kurzen Abständen hintereinander auf der Gehbahn vor der Gastwirtschaft von Friebe und vor dem Geschäft von Schmidt gingen. Aus der Gruppe von vier Mann traten zwei an Hoffmann und Perghammer heran, einer von diesen besah sich das Koppel des Hoffmann, auf dem sich das Abzeichen der NSDAP (Hakenkreuz) befand, sagte zu Hoffmann: ›Mach das Ding ab‹ und schlug ihn ins Gesicht. Im nächsten Augenblick wurden Hoffmann und Perghammer von einer größeren Anzahl von Personen umringt und von allen Seiten geschlagen. Beide versuchten, die Angreifenden dadurch von sich abzuhalten, daß sie ihre Fahrräder in Leibhöhe um sich schwangen. Sie ließen aber dann die Räder fallen und flüchteten nach dem Eingang zu dem Schmidtschen Geschäft, von wo aus Frau Hoffmann ihnen laut schreiend entgegenkam und die Angreifer durch Zurufe abzuhalten versuchte, doch wurde trotzdem auf Hoffmann und Perghammer aus der Menge, die sich schnell vergrößerte, eingeschlagen. Beide wollten in den Schmidtschen Laden flüchten, doch war dessen Tür zugeschlagen. Als Hoffmann die Eingangsstufen zu der Ladentür erreicht hatte, rief einer der Angreifer: ›Achtung weg‹ oder ›Achtung Platz‹. Darauf sprangen die Angreifenden auseinander, es fielen mehrere Schüsse, dann rief jemand: ›Kommt‹ und die Angreifer liefen auseinander und flüchteten zum Teil über

[32] *Vorwärts*, Nr. 253, Berlin, Morgenausgabe, 3. Juni 1931, S. 5

den Lausitzer Platz in der Richtung nach der Hochbahn zu. Hoffmann hatte mehrere Schußverletzungen erhalten, war in den Armen seiner Mutter zusammengebrochen, wurde unverzüglich in das Krankenhaus Bethanien überführt und dort sofort operiert. Es wurde festgestellt, daß er von hinten einen Schuß in die rechte Körperseite erhalten hatte (das Geschoß wurde bei der späteren Leichenöffnung im Blutgerinsel des Mittelfellraums gefunden), ferner einen von links nach rechts verlaufenden Bauchdurchschuß, der den Magen durchschlagen hatte. Bei dem schlechten Zustand Hoffmanns konnte nur der Bauchschuß operiert werden. In der Folgezeit traten Schüttelfrost und Temperaturerhöhungen ein, es bildeten sich umfangreiche innere Eiterherde in der linken Brusthöhle, unter dem Zwerchfell und an der Leber sowie schwere Herzveränderungen und am 17. August 1931 trat der Tod ein [...]. Pergkammer hatte blutende Kopfverletzungen erlitten, die ihrer Natur nach nur durch Schläge mit einem harten Gegenstand, einer Schlagwaffe verursacht sein konnten.«[33] Einen dauernden körperlichen Schaden erlitt er aber nicht.

»Ein Hitlerjunge Hoffmann seinen Verletzungen erlegen. Mutters einziger Sohn. 17 Jahre. Aber im Felde gefallen. Mutter kann nicht mal Begräbnis bezahlen. Ich springe ein. Welch ein furchtbarer Jammer. Ich bin ganz deprimiert. Mit Magda musiziert bei ihr zu Hause. Sie ist mein großer Stern!«[34], notierte »Pg. Dr. Goebbels« in sein Tagebuch und sprach wenige Tage später »am offenen Grabe Worte des Gedenkens und des Dankes an den toten Kameraden«. »Am Montag nachmittag fand unter außerordentlich großer Beteiligung nationaler Verbände die Beisetzung des am 21. Juli von Kommunisten schwer verletzten Hitlerjungen Hans Hoffmann, der im Bethanienkrankenhaus seinen Verletzungen erlag, auf dem Garnisonfriedhof statt.«[35] »Es ist nicht das gewohnte Bild, das Beerdigungen sonst zu bieten pflegen. Keine mehr oder minder große Gesellschaft von langen schwarzen Mänteln und Zylinderhüten. Junge, straffe Kolonnen rücken heran, Gruppe auf Gruppe, sammeln sich vor einer kleinen Kapelle. Indes in dieser Kapelle eine furchtbar gequälte Familie zu einer letzten, schmerzerfüllten Feier beisammen ist. Die Kolonnen haben sich aufgeteilt in langem Spalier. Eisiges Schweigen. Hunderte von Armen recken sich in die Höhe, grüßen ein wogendes Meer von Trauerfahnen. Und dann ein Sarg.«[36] »Wir geben einem jungen Kameraden des Hitlerjungen Hoffmann das Wort zu einem letzten Nachruf: ›Die Berliner Hitlerjugend hat wieder einen ihrer besten Kameraden zu Grabe geleitet. Die Kugel der marxistischen Mordbuben galt diesmal dem 17jährigen Hitlerjun-

[33] Generalstaatsanwaltschaft beim Landgericht Berlin (GStA), Schwurgericht beim Landgericht I, Urteilsbegründung vom 6. Juli 1932, in: Landesarchiv Berlin (LAB), A Rep. 358-01, Nr. 2595/5

[34] Joseph Goebbels, Die Tagebücher, Band 2 Teil 1, München 1987, S. 102

[35] *Der Angriff*, Nr. 166, Berlin, 27. August 1931, S. 10

[36] *Der junge Sturmtrupp* – Kampfblatt der werktätigen Jugend Berlins, 1. Jg., Nr. 3, 1. September-Ausgabe 1931, S. 4

gen Hans Hoffmann. [...] Hans Hoffmann ist gefallen, gefallen im Kampf für das Dritte Reich. Des Toten Grab liegt dort auf dem Garnisonfriedhof, sein Geist lebt unter uns fort. Hans Hoffmann, du bist nicht umsonst gefallen! Wir, das kommende Deutschland, wir wollen geloben, nicht eher zu ruhen und zu rasten, bis wir das Ziel erreicht haben, für das Hans Hoffmann gelitten und gekämpft hat – für das Dritte Reich. Wir sind bereit, den Weg der Toten nachzugehen. In dieser Stunde heißt es: bewahret eure alte, eiserne Disziplin, denn die *Knechtschaft dauert nur noch kurze Zeit!* Wir werden kämpfen, bis Deutschland befreit ist von seinen inneren und äußeren Feinden‹.«[37] »Der Sarg wird vorübergetragen, begleitet von den engsten Kameraden des Toten. Und es folgt ein langer, langer Zug. ... Stilvoll und kurz, wie man es nur wünschen kann, spricht der Pfarrer seine Worte, und das Gebet, und den Segen. Und dann tönt eine Stimme über das Grab und über die Tausende der Trauernden, eine Stimme, uns allen seit Jahren bekannt. Die uns einstmals aufrief zur Empörung und zur geistigen Revolution, die Millionen Deutsche aus ihrem Schlafe weckte. Eine Stimme, die heute Klang hat in der Welt. Und die noch niemals fehlte, wo wir einen unserer Kameraden zur letzten Ruhe betteten. [...] Die scharfe und schneidende Stimme des Berliner Führers Dr. Goebbels verklingt. Totenstille. Plötzlich ein Surren und Rauschen – auf dem nahen Flugplatz steigt ein metallner Vogel steil in die Höhe, surrt jäh am Friedhof vorbei und verschwindet in den Lüften – als wolle er diesen letzten Gruß an einen toten Kameraden mit hinauf nehmen, weit weit zum Himmel hinan. [...] Unten auf der Erde aber klingt es gedämpft, wie schon so oft, allzu oft: Ich hatt' einen Kameraden.«[38]

»Mit tiefer, innerer Befriedigung schauen wir Nationalsozialisten auf das vergangene Jahr zurück«, bilanzierte Goebbels zum Jahresende im *Angriff.* »Wir haben getan, was menschenmöglich war, und manchmal über unsere Kraft hinaus. Wir sind der Verfolgung, die sich drohend gegen uns erhob, mutig entgegengeschritten, wir haben Haß, Lüge und Verleumdung trotzig die Stirne geboten. [...] Rein und unversehrt gingen wir durch das Fegefeuer des Terrors und durch die Hölle von Wunden, Blut und Tod. Mit blankem Ehrenschild treten wir nun vor das deutsche Volk hin und fragen: Haben wir nicht gut bestanden? Sind wir unwert, die Macht und die Verantwortung in unsere Hand zu nehmen? Verdienen wir es nicht, daß wir die Herren von Deutschland werden? Millionen- und millionenfach klingt uns aus den Massen der Ruf entgegen: ›Reißt die Tore auf! Legt den Weg frei zu einem neuen Staat! Das Gesetz des Volkes ist bei euch! *Ihr seid Deutschland!*‹«[39] Ein ›gutes‹ Jahr mußten sich die Nationalsozialisten noch gedulden, ehe sie nicht mehr *unwert* waren, die *Herren von Deutschland* zu sein. Hans Hoffmann

[37] *Der Angriff*, Nr. 166, Berlin, 27. August 1931, S. 10

[38] *Der junge Sturmtrupp* – Kampfblatt der werktätigen Jugend Berlins, 1. Jg., Nr. 3, 1. September-Ausgabe 1931, S. 4

[39] *Der Angriff*, Nr. 235, Berlin, 31. Dezember 1931, S. 2, Hervorhebung A.B.

Links: Dr. Goebbels spricht am Grabe des feige Hingemordeten

Auf dem neuen Garnisonsfriedhof in Tempelhof wurde der von den Kommunisten feige ermordete Hitlerjunge Hans Hofmann unter ganz außerordentlich großer Anteilnahme der Bevölkerung beerdigt. Es nahmen starke Abordnungen der Berliner S.A., die gesamte Hitlerjugend und eine große Abordnung des Stahlhelms teil. Pfarrer Sawade hielt eine eindringliche Grabrede, worauf Dr. Goebbels das Wort zu einem schlichten und tiefen Nachruf nahm. Viele unserer wackeren S.A. und S.S.-Männer haben schon für ihre Überzeugung bluten müssen, aber sie sind Märtyrer auf dem Dornenwege ins neue, ins Dritte Reich . . .

Unzählige Kränze wurden niedergelegt. Die Hitlerjugend sang das Lied vom guten Kameraden. Wie üblich, war nunmehr ein riesiges Polizeiaufgebot erschienen, das man zuvor nötiger gebraucht hätte.

Die Kränze der Kameraden und der Gauleitung

Nebenstehend: Die gramgebeugten Eltern am Grabe ihres Sohnes

Der rote Mord am Hitler-Jungen

Die Schar der Hitlerjungen, der Hofmann angehörte

Unten: Berittene Polizei (etwas spät!) in Bereitschaft

Ich hatt' einen Kameraden

Bildbericht zur Beerdigung des Hitlerjungen Hans Hoffmann.

Links: Der Grabstein nach der Aufstellung. Rechts: Der heutige Zustand (2007).

indes konnte sich als Berliner Märtyrer nicht durchsetzen. Er stand im Schatten von Herbert Norkus und Horst Wessel. Ab 1937 trug aber immerhin der heutige Kreuzberger Erkelenzdamm für etwa zehn Jahre seinen Namen. Der als Haupttäter ausgemachte und zu sechs Jahren Gefängnis verurteilte Fritz Käsling wurde kurz nach seiner Haftentlassung 1937 »auf Veranlassung der Geheimen Staatspolizei«[40] in das KZ Sachsenhausen gesperrt, lebte vermutlich nie wieder in Freiheit und traf auf seine Mörder im KZ Neuengamme, wo diese – laut telefonischer Auskunft des Sonderstandesamts Bad Arolsen – seinen Totenschein auf den 1. Januar 1942 ausstellten.

[40] Bericht der Staatlichen Kriminalpolizei / Kriminalpolizeileitstelle vom 14. Dezember 1937, in: LAB, A Rep. 358-01, Nr. 2595/5, Bl. 58

Exkurs: ›Friedhof der Bewegung‹

Die späten Jahre der Weimarer Republik und der erstarkende Nationalsozialismus vor der sogenannten Machtergreifung lenken den Blick weg vom Garnisonfriedhof, hin zum keine zehn Minuten Fußweg entfernten Luisenstädtischen Friedhof an der Bergmannstraße. »Seit Herbst 1931 der Hauptfriedhof der Bewegung«[1], konstatierte der nationalsozialistische Chronist und Blutordenträger Julek Karl von Engelbrechten in seinem 1937 erschienenen *Führer durch die Gedenkstätten des Kampfes um die Reichshauptstadt.*

Bis zum Frühjahr 1933 wurden auf dem auch als *Friedhof der Blutopfer* oder *Märtyrer der Bewegung* bezeichneten Friedhofsteil – eine nicht weiter abgegrenzte und auch nicht vollständig zusammenhängende Ansammlung mit Gräbern von SA-, SS-Männern und Hitlerjungen auf dem eigentlichen Friedhof – insgesamt 14 Nationalsozialisten beerdigt. Diese Häufung von ›Kampfzeit‹-Gräbern war vermutlich einzigartig, die bekanntesten Berliner ›Blutopfer‹ wie Horst Wessel, Herbert Norkus und Hans Eberhard Maikowski ›ruhen‹ hier nicht. Es scheint, als sei sie zufällig entstanden, begünstigt durch die Weigerung einiger (katholischer) Seelsorger anderer Gemeinden, Nationalsozialisten unter militärischem Parteiritual beizusetzen. Denn andererseits war der evangelische Pfarrer der Neuen Garnisonkirche auf dem nahen Kaiser-Friedrich-Platz, dem heutigen Südstern, ein treuer Verbündeter der ›Bewegung‹ und jederzeit bereit, seinen Segen unter dem Hakenkreuzbanner zu spenden. »Der Pfarrer spricht harte, männliche Worte über der offenen Gruft, auch er ist einst Soldat, Kämpfer gewesen«[2], lobte ihn *Der Angriff* und wußte, daß »dessen vom Talar blinkendes Kriegerkreuz davon zeugt, daß er nicht nur ein Mann frommer Worte, sondern auch ein Held ebenso frommer Taten ist.«[3] »Sein Name« – Dr. Johannes Wenzel –, gratulierte ihm wiederum *Der Angriff* zum 50. Geburtstag, »hat in der gesamten Berliner Parteigenossenschaft einen guten Klang.«[4] Er traute die Ehe des Propagandaleiters mit Magda Quandt[5] und bei seinem Tod 1936 hob der *Völkische Beobachter* in einem ausführlichen Nachruf seine »furchtlosen, im nationalen Geist gehaltenen Kanzelreden« hervor und als wäre das nicht Auszeichnung genug, erhielt er – post mortem – quasi das Parteibuch ehrenhalber: »Der verstorbene Pfar-

[1] Julek Karl von Engelbrechten / Hans Volz, Wir wandern durch das nationalsozialistische Berlin – Ein Führer durch die Gedenkstätten des Kampfes um die Reichshauptstadt, München 1937, S. 173

[2] *Der Angriff*, Nr. 191, Berlin, 26. Oktober 1931, S. 6

[3] *Der Angriff*, Nr. 206, Berlin, 12. November 1931, S. 8

[4] *Der Angriff*, Nr. 89, Berlin, 15. April 1933, S. 4

[5] Magda Goebbels war in erster Ehe mit dem Industriellen Günther Quandt (1881-1954) verheiratet. Interessant dazu der Film: Das Schweigen der Quandts, Dokumentation, NDR, 90 min., Erstausstrahlung 22. November 2007

rer war nicht Parteigenosse. Durch seine Taten, seinen Geist und seine Haltung hat er wiederholt wahrhaft nationalsozialistische Gesinnung bewiesen. Sein Arbeitszimmer schmücken die Bilder von Luther, Friedrich dem Großen, Goethe, Bismarck und Adolf Hitler. Diese Männer waren ihm Vorbild, ihnen lebte und strebte er nach. Mit Pfarrer Dr. Wenzel schied ein treuer Kämpfer und Gefolgsmann des Führers.«[6] Auch sein Grab befindet sich auf dem Luisenstädtischen Friedhof.

Die Todesursachen der ›Märtyrer‹ waren sehr unterschiedlich. Hermann Thielsch und Heinrich Böwe wurden bei kommunistischen Überfällen auf ›Sturm‹-Lokale ermordet, Hans Steinberg auf offener Straße. Kurt Thiel beging Selbstmord. Richard Harwik stürzte bei einer von ihm angezettelten Prügelei so unglücklich, daß er an den Folgen starb. Alle anderen kamen bei in dieser Zeit täglichen Auseinandersetzungen zwischen Kommunisten und Nationalsozialisten ums Leben, ohne daß die ›Schuld‹ eindeutig zu bestimmen wäre. Zweifel, ob nicht – beabsichtigt und unabsichtlich – Nationalsozialisten ihre eigenen Leute auf dem Gewissen haben, bestehen allerdings bei Erwin Moritz, Helmut Köster, Herbert Gatschke und Kurt von der Ahé, wobei Fememorde an den beiden zuletzt Genannten als sehr wahrscheinlich angenommen werden können. *Der Angriff* wußte aber stets sofort, wer für die Tode verantwortlich war: Die »Hetz-Journaille«[7], die »Mordhetzer im Liebknecht-Haus« und »das vollgefressene Judenpack aus der Lindenstraße«[8], womit die Redaktionen der kommunistischen *Roten Fahne* und des sozialdemokratischen *Vorwärts* gemeint waren. Überhaupt war man mit Diffamierungen des politischen Gegners schnell bei der Hand. »Meuchelmörder«[9], »Spießgesellen«[10] und »verantwortungslose Verbrecher«[11] zählten noch zu den harmloseren Beschimpfungen, »die Pest«[12], »bolschewistisches Mörderpack«[13], »vertierte Bolschewistenkreatur«[14] oder »rotes Untermenschentum«[15] war das gängige Vokabular für Linke jeglicher Couleur und, natürlich: »Die Juden sind schuld«, brüllte nicht nur Joseph Goebbels. »Sie haben unsere Ehre geschändet. Sie nehmen uns Arbeit und Brot, sie hetzen zum Bürgerkrieg. Sie wollen Deutschland nicht zur Ruhe kommen lassen, und jetzt, wo sie bemerken, daß ihnen eine Front von zwölf Millionen entgegenmarschiert, jetzt beginnen sie zu zittern, jetzt sitzt ihnen die Angstneurose des Schmarotzers in den Gliedern.«[16]

»1932 war das Jahr der Wahlkämpfe«, so der Historiker Bernhard Sauer,

[6] *Völkischer Beobachter,* Berliner Ausgabe, Nr. 227, 14. August 1936, S. 19
[7] *Der Angriff*, Nr. 133, Berlin, 1. Juli 1932, S. 10
[8] *Der Angriff*, Nr. 201, Berlin, 6. November 1931, S. 12.
[9] *Der Angriff* (Friedrich A. Eck), Nr. 176, Berlin, 5. September 1932, S. 8
[10] *Der Angriff*, Nr. 87, Berlin, 30. April 1932, S. 3
[11] *Der Angriff* (H. O.), Nr. 184, Berlin, 25. September 1931, S. 10
[12] *Der Angriff* (Herbert Seehofer), Nr. 139, Berlin, 8. Juli 1932, S. 8
[13] *Der Angriff* (Friedrich A. Eck), Nr. 176, Berlin, 5. September 1932, S. 8
[14] *Der Angriff*, Nr. 87, Berlin, 30. April 1932, S. 3
[15] *Der Angriff* (H. O.), Nr. 184, Berlin, 25. September 1931, S. 10
[16] *Der Angriff*, Nr. 7, Berlin, 9. Januar 1933, S. 3

»und damit hatten auch die gewalttätigen Auseinandersetzungen zugenommen. In Berlin verging kaum ein Tag ohne Schießereien. Es häuften sich Meldungen und Gerüchte, die SA bereite sich auf einen Bürgerkrieg oder Staatsstreich vor. Am 13. April, nur drei Tage nach der Wahl Hindenburgs zum Reichspräsidenten, verbot Reichsinnen- und Reichswehrminister Wilhelm Groener die mittlerweile auf über 400.000 Mann angewachsene SA und die SS für das gesamte Reichsgebiet. Zuvor waren schon am 5. April die SA-Räume in der Hedemannstraße 10 geschlossen worden. Das Verbot traf die SA allerdings nicht allzu hart. Nach bewährtem Muster wurden die SA-Stürme in Sport-, Wander-, oder Kegelvereine umgewandelt und setzten so ihre Arbeit fort. Hitler selbst erließ am 13. April einen Aufruf, in dem er den 24. April als ›Tag der Vergeltung‹ bezeichnete. An diesem Tag wurden in Preußen, Bayern, Württemberg und Anhalt die Landtage neu gewählt. Die NSDAP wurde in Preußen mit 36,3% der abgegebenen Stimmen stärkste Partei.«[17] Am Morgen dieses Wahlsonntags kam der SA-Mann Udo Curth bei einem Zusammenstoß zwischen Nationalsozialisten und Kommunisten ums Leben. »Das Volk«, kommentierte *Der Angriff* den Wahlsieg, »macht sich heute schon zum Rächer unserer Märtyrer: Wenige Stunden nach der Bluttat wurden die Hintermänner dieses Mordes in der Wahlschlacht jämmerlich zusammengehauen.«[18]

Immer wieder wurde an den Gräbern mehr oder weniger unverblümt zur Rache aufgerufen und mehrfach kam es im Anschluß an Beerdigungen zu Pöbeleien und brutalen Überfällen gegen einzelne Kommunisten und Reichsbannerangehörige oder wen man gerade dafür hielt. »An der Ecke der Friedrichstrasse«, so das *Berliner Tageblatt*, »wurde ein Zeitungshändler, der die Reichsbannerzeitung ›Alarm‹ verkauft, von Nationalsozialisten angegriffen, die von der Beerdigung des erschossenen Nationalsozialisten Köster vom Alten Luisenstädtischen Friedhof in der Bergmannstrasse zurückkamen.«[19] Zuvor hatte Goebbels am Grab erklärt: »Das ist das letzte Opfer, das wir straflos in die Erde legen! [...] Mit diesen Zuständen wird jetzt Schluß gemacht! Endgültig! So oder so! Von nun an wird das ein Ende haben: Wir wollen nicht mehr Amboß bleiben – wir wollen Hammer werden!!«[20] So beließ es der Mob auch nicht bei dem Überfall auf den Zeitungshändler, sondern zog weiter zum nahen *Vorwärts*-Gebäude, drang mit 150 bis 200 Leuten in den ersten Hof vor, es fielen Schüsse, zwei Reichsbannerangehörige und ein Nationalsozialist wurden verletzt, auf der Straße außerdem mehrere Personen geschlagen. Ein nationalsozialistisches Flugblatt behauptete scheinheilig und wahrheitswidrig das genaue Gegenteil: »Gegen 4 Uhr nachmittags kehren

[17] Bernhard Sauer, Goebbels' »Rabauken«, in: Berlin in Geschichte und Gegenwart – Jahrbuch des Landesarchivs Berlin, Uwe Schaper (Hg.), Berlin 2006, S. 135

[18] *Der Angriff*, Nr. 87, Berlin, 30. April 1932, S. 3

[19] *Berliner Tageblatt*, Nr. 300, 26. Juni 1932, S. 5

[20] *Der Angriff*, Nr. 133, Berlin, 1. Juli 1932, S. 10

die nationalsozialistischen Leidtragenden vom Luisenstädtischen Friedhof zurück, als einzeln gehende Parteigenossen den Belle-Alliance-Platz überqueren und in die Friedrichstraße einbiegen wollen, werden sie von den in der Nähe des Alarmhändlers herumlungernden Reichsbannerleuten angepöbelt und mit den gemeinsten Beschimpfungen belästigt. Als die sich empörende Menge dagegen Stellung nimmt, ergreift das Gesindel die Flucht und einer der schlimmsten Provokateure läuft an der Säule des Belle-Alliance-Platz ausgerechnet einem größeren von der Beerdigung kommenden SA Trupp in die Hände. Er soll dort eine tüchtige Tracht Prügel bezogen haben. Während dieses Vorgangs entstand ein neuer Tumult an der Friedrichstraße, und zwar hervorgerufen durch zwei Reichsbannerleute eines von der SPD dort aufgestellten Propagandawagens. Sie beschimpften die vorübergehenden SA Männer mit ›Braune Mordpest‹ und ähnlichen Ausdrücken. Ganz selbstverständlich löste das nicht nur bei den friedlich ihres Weges gehenden Parteigenossen, sondern auch bei allen Passanten hellste Empörung aus, denn die Zustände im ganzen Reichsgebiet hatten ja zu Hunderten den Beweis des Gegenteils erbracht. Auch der weitere Verlauf sollte dies erneut bestätigen. Als die Reichsbannerleute merkten, daß alles gegen sie Stellung nahm, andererseits die SA Trupps immer näher kamen, die auf ihrem Weg vom Friedhof nach Hause dort vorbei mußten, bekamen sie es mit der Angst zu tun und liefen davon, einem Trupp ihrer im ›Vorwärts‹ stationierten Kumpanen in die Hände, die in der Zwischenzeit mit dem Rufe alarmiert worden waren: ›Die Nazis kommen!‹ Jetzt liefen die feigen Gesellen um die Wette nach dem ›Vorwärts‹-Gebäude. Als die ersten SA Männer vor der Tür der Vorwärtsdruckerei eintrafen, wurde gerade die eiserne Pforte geschlossen. Die Reichsbannerleute, die im Flur unmittelbar hinter dem Gitter standen, wurden in diesem Moment von ihren Leuten aus dem Hof mit den Worten zurückgerufen: ›Kommt zurück, wir schießen!‹ Im selben Augenblick fielen 6 bis 8 Schüsse, durch die ein SA Mann in den Bauch, ein weiterer in die Schulter und auch einer ihrer eigenen Genossen in den Oberschenkel getroffen wurde. Nur dem entschlossenen Eingreifen eines Sturmführers, der die SA Männer zurückrief und der in der N.S.D.A.P. herrschenden Disziplin ist es zu danken, daß daraufhin kein Unheil eingetreten ist. Die Judenjungenangst der Synagogenbrüder des ›Vorwärts‹ hatte sich derart auf das Reichsbanner übertragen, daß sie nicht einmal solange warteten, bis ihre eigenen Genossen aus dem Schußfeld waren. Vielleicht war es gar so ein Judenjunge, der geschossen hat. [...] Der Vorfall am Sonnabend nachmittag zeigt erneut, wie verkommen das marxistische Gesindel ist, das in seiner Mordgier nicht einmal vor vom Friedhof Kommenden Halt macht. [...] Mit unserer Geduld ist es zu Ende. Wir sehen nicht mehr länger tatenlos zu, wie unsere Kameraden von vertiertem Gesindel hingeschlachtet werden.«[21]

[21] Günther Pauldrach (Hg.), Reichsbanner spielt Bürgerkrieg!, Nationalsozialistisches Flugblatt, Berlin, undatiert [Juni / Juli 1932], in: GStA beim Landgericht, LAB A Rep. 358-01, Nr. 735

Ganz abgesehen von den plumpen antisemitischen Beleidigungen: die Ausführungen sind ein »Spiegelbild der Erkenntnis«[22], eine erstaunlich exakte Verdrehung der Ereignisse (bis hin zu den umgekehrt proportionalen Zahlen der Verletzten). Es ist wirklich so einfach: um die tatsächlichen Beweggründe und Absichten der Nationalsozialisten zu entschlüsseln, braucht man nur das, was sie über ihre Gegner sagen, auf sie selbst anwenden. Die bösartige Verstellung, zwanghafte Verdrehung und Umkehrung aller Werte zählt für den Essayisten Wilfred Mairgünther mit zu den nekrophilen Charakteristika. Nekrophilie definiert der Sozialpsychologe Erich Fromm als »das leidenschaftliche Angezogenwerden von allem, was tot, vermodert, verwest und krank ist; sie ist die Leidenschaft, das, was lebendig ist, in etwas Unlebendiges umzuwandeln; zu zerstören um der Zerstörung willen; das ausschließliche Interesse an allem, was rein mechanisch ist. Es ist die Leidenschaft, lebendige Zusammenhänge zu zerstückeln. [...] Eine andere Manifestation des nekrophilen Charakters ist die Überzeugung, daß sich Probleme und Konflikte nur mit Gewalt und Gewalttätigkeit lösen lassen. Die Frage lautet hier nicht, ob man unter bestimmten Umständen Gewalt anwenden sollte; für den Nekrophilen ist kennzeichnend, daß Gewalt –, ›die Macht, einen Menschen in einen Leichnam zu verwandeln‹, um mit Simone Weil zu reden – die erste und letzte Lösung für alles darstellt; daß der gordische Knoten immer zerhauen und niemals geduldig aufgeknotet wird. Grundsätzlich besteht die Reaktion derartiger Menschen auf die Probleme des Lebens in Destruktion und niemals in dem Bemühen, anderen zu helfen, in einem konstruktiven oder beispielhaften Verhalten. Ihre Reaktion ist die der Königin von *Alice in Wonderland*: ›Herunter mit ihren Köpfen!‹ Wer von diesem Impuls getrieben wird, ist in der Regel nicht in der Lage, andere Möglichkeiten zu erkennen, die keine Zerstörung erfordern, und er erkennt nicht, wie unwirksam sich Gewalt oft auf die Dauer erweist. Den klassischen Ausdruck für diese Haltung finden wir in König Salomons Urteil im Rechtsstreit der beiden Frauen, die beide behaupten, das Kind sei das ihre. Als der König vorschlägt, das Kind zu teilen, will es die echte Mutter lieber der anderen Frau überlassen; die Frau, welche vorgab, die Mutter zu sein, entscheidet sich dafür, das Kind zu teilen. Ihre Entscheidung ist typisch für einen nekrophilen, besitzbesessenen Menschen.« Weitere Auffälligkeiten sind neben Zerstückelungsphantasien eine Sprache, die vorwiegend Worte benutzt, »die sich auf Zerstörung, auf Exkremente und Toiletten beziehen« und »eine Vorliebe für dunkle, das Licht absorbierende Farben wie schwarz oder braun«[23]. Daß diese in engster Beziehung mit dem (nicht nur deutschen) Faschismus stehen, liegt auf der Hand. Man denke nur an den paradoxen Schlachtruf der spanischen Faschisten, ¡Viva la Muerte! »Eben habe ich den nekrophilen, unsinnigen Ruf ›Es lebe der Tod!‹ vernom-

[22] Wilfred Mairgünther, Morbus Hitler – Ein Essay, Kiel 1989, S. 54
[23] Erich Fromm, Anatomie der menschlichen Destruktivität, Reinbek 1977 [1974], S. 373, 380, 383 und 382

men«, so der spanische Philosoph Miguel de Unamuno anläßlich einer Rede des falangistischen Generals Millán Astray 1936. »Der Herr General ist ein Krüppel. Das sei ohne geringschätzige Betonung gesagt. Er ist ein Kriegsversehrter. Auch Cervantes war es. Leider gibt es in Spanien zur Zeit nur zu viele Krüppel. Bald wird es noch mehr von ihnen geben, wenn uns Gott nicht hilft. Es ist eine schreckliche Vorstellung, daß der Herr General Millán Astray die Psychologie der Massen diktieren sollte. Ein Krüppel, dem die geistige Größe des Cervantes fehlt, sucht gewohnheitsmäßig eine fragwürdige Erleichterung darin, alles um sich herum zu verstümmeln.«[24]

Beerdigungen von ›Gefallenen‹ ihrer jeweiligen ›Bewegung‹ sind für Menschen dieses Schlages nekrophile Feiertage. »Der Kult um die ›Märtyrer‹ der faschistischen Bewegung, die eigenen ›Kriegstoten‹, wie die Faschisten sie nannten«, weiß der Historiker Sven Reichardt über das Italien der sehr frühen 20er Jahre zu berichten, »war von Beginn an das Herzstück ihrer Polit-Liturgie. Die faschistische Propaganda um die Toten der Bewegung erinnerte stark an den Kult um den ›unbekannten Soldaten‹ des Ersten Weltkrieges. [...] In den Begräbniszeremonien kam ein mit christlichen Metaphern durchsetzter Opferglaube des Faschismus zum Ausdruck, mit dem man die Vision einer sakralisierten und soldatisch vorgestellten Nation beschwor. Schon Mitte des Jahres 1921 waren die faschistische Liturgie und ihr Stil voll entwikkelt: Die opulenten Beerdigungszeremonien für die Gefallenen der faschistischen Bewegung waren besonders sorgfältig ausgearbeitete Feierlichkeiten, die mit unzähligen Flaggen und anderen Symbolen dekoriert wurden, durch Massenbeteiligung und pseudoreligiöse Metaphorik inszeniert und für eine sakrale Nationsvorstellung komponiert worden waren.«[25]

»Die Bücherverbrennungen des Dritten Reiches, die Krematorien und Verbrennungsöfen, das System der verbrannten Erde, die in Schutt und Asche gelegten Städte, das Inferno des Untergangs, die sengende Vernichtung fast allen Lebens – wann hat es je auf dieser Erde ein Regime gegeben, für das der Vorgang der Verbrennung (Verbräunung) derart konstitutiv war und das die Welt mit dem Pesthauch seiner Nekrophilie so verunstaltet hat, daß alle herkömmlichen Kategorien vor ihm versagen müssen?«, fragt der bereits erwähnte Wilfred Mairgünther in seinem erhellenden und verblüffende Zusammenhänge aufzeigenden Essay *Morbus Hitler*. »›In seiner Seele brannte es unentwegt‹ – so lautet die Kennung der Nekrophilie. ›Wir sind das Feuer, wir sind der Brand. Wir lodern vor Deutschlands Altare‹ – so singen die Faschisten. ›Haß, brennenden Haß wollen wir in die Seelen der Millionen unserer Volksgenossen gießen, solange, bis einst eine Flamme von Zorn in Deutschland aufbrennt, die die Verderber unseres Volkes zur Rache zieht‹ –

[24] Hugh Thomas, Der spanische Bürgerkrieg, Frankfurt am Main, Berlin 1961, S. 276

[25] Sven Reichardt, Faschistische Kampfbünde – Gewalt und Gemeinschaft im italienischen Sqadrismus und in der deutschen SA, Köln, Weimar, Wien 2002, S. 541f.

das prophezeite Adolf Hitler schon 1921, als die Flamme noch klein war und mühelos hätte ausgetreten werden können.«[26] In der »Kette reichlich geübter Flammenspiele und Kultfeuer« hebt der Erziehungswissenschaftler und Autor Hans-Jochen Gamm noch zusätzlich den Reichstagsbrand hervor und führt aus: »Die Nazis hantierten wie Feuerteufel. Nachdem sie sich in Deutschland hinlänglich geübt hatten, setzten sie eine Welt in Brand.«[27]

Schaut man in die Nachrufe des *Angriff*, stellt man fest, daß es auf dem Friedhof auch an allen Ecken und Enden lodert. Kerzenlicht wirft noch recht unschuldig »bleichen Schein über den Sarg«, »Fackeln flackerten«[28], »leuchten zu beiden Seiten des Sarges auf«[29], man singt »Flamme empor!«[30] und dann geht das Feuer in Fleisch und Blut über: »In knappen, von fanatischer Ueberzeugung durchglühten Worten«[31] hält Goebbels eine »flammende Anklagerede«[32], das Sturmlied wird zum »Schwur, der uns allen auf dem Herzen brennt«[33]. Bei der Beerdigung eines SA-Mannes wird »die beglückende Gewißheit fest ins Herz gebrannt: Deutschland ehrt dich, Erich Sagasser, Vorkämpfer für ein neues Reich, Deutschland trauert um dich, Arbeiter Erich Sagasser«. Und: »Dein Sieg über die blutleere Feigheit unserer Zeit ist Symbol, Fackel und Flamme.«[34] »Wieder rieseln rote, glühende Rosen aus harten Arbeiterfäusten in die kühle, tiefe Gruft.« Zuletzt steigen gar die Toten aus den Gräbern: »Dann glühen ihre stolzen Narben, die sie sich holten, als sie die tödlichen Kugeln fingen, um mit ihrem Leib die Kameraden zu decken.«[35] Feuer, erläutert Elias Canetti, »ist sich überall gleich; es greift rapide um sich; es ist ansteckend und unersättlich; es kann überall entstehen, sehr plötzlich; es ist vielfach; es ist zerstörend; es hat einen Feind; es erlischt: es wirkt als ob es lebte und es wird so behandelt. Alle diese Eigenschaften sind die der *Masse*, eine genauere Zusammenfassung ihrer Attribute ließe sich schwer geben. Man gehe sie der Reihe nach durch: Die Masse ist sich überall gleich; in den verschiedensten Zeitaltern und Kulturen, unter Menschen aller Herkunft, Sprache und Erziehung ist sie im wesentlichen dieselbe. Wo sie einmal entstanden ist, greift sie mit der größten Heftigkeit um sich. Ihrer Ansteckung können wenige widerstehen, sie will immer weiterwachsen, von innen sind ihr keine Grenzen gesetzt. Sie kann überall entstehen, wo Menschen beisammen sind, ihre Spontaneität und Plötzlichkeit sind unheimlich. Sie ist vielfach und hängt doch zusammen, unzählige Menschen machen sie aus, und man weiß nie genau wie viele. Die Masse kann zerstörend sein. Sie wird gedämpft

[26] Mairgünther, Morbus Hitler, S. 25f.
[27] Hans-Jochen Gamm, Der braune Kult, Hamburg 1962, S. 176
[28] *Der Angriff* (Hans-Jürgen Nierentz), Nr. 13, Berlin, 16. Januar 1933, S. 5
[29] *Der Angriff*, Nr. 49, Berlin, 27. Februar 1933, S. 5
[30] *Der Angriff*, Nr. 206, Berlin, 12. November 1931, S. 8
[31] *Der Angriff*, Nr. 191, Berlin, 26. Oktober 1931, S. 6
[32] *Der Angriff*, Nr. 7, Berlin, 9. Januar 1933, S. 3
[33] *Der Angriff*, Nr. 87, Berlin, 30. April 1932, S. 3
[34] *Der Angriff* (Hans-Jürgen Nierentz), Nr. 13, Berlin, 16. Januar 1933, S. 5
[35] *Der Angriff* (Herbert Seehofer), Nr. 158, Berlin, 8. August 1932, S. 8

und gezähmt. Sie sucht sich einen Feind. Sie erlischt so plötzlich, wie sie entsteht, oft ebenso unerklärlich; und selbstverständlich hat sie ihr eigenes unruhig-heftiges Leben. Diese Ähnlichkeiten zwischen Feuer und Masse haben zu ihrer engen Verquickung geführt. Sie gehen ineinander über, sie können füreinander stehen. Unter den Massensymbolen, die in der Geschichte der Menschheit immer wirksam waren, ist das Feuer eines der wichtigsten und wandelbarsten.«[36]

Ein weiteres Symbol im Nationalsozialismus ist die Fahne – in Kombination mit dem Hakenkreuz sicher das wichtigste. »Die Fahne«, so Hans-Jochen Gamm, »hat ihren Ursprung als Heerzeichen im Felde. Die aufrecht erhobene Fahne bot den Kämpfern einen Orientierungspunkt, wenn sie in der Schlacht abgedrängt wurden. Zur Fahne hatten sie sich zurückzuwenden, sobald ihre Kräfte nicht mehr ausreichten. Dort stand der Kern. Die Fahne selbst mußte von guten Kämpfern geschützt werden, damit nicht auf dem Schlachtfeld die weiter entfernten Verbände die Richtung verloren oder, wenn das Zeichen sank, meinten, die Schlacht sei verloren und man müsse sich zurückziehen. Wenn ein Fahnenträger fiel, ergriff sein Mitkämpfer den Schaft und riß das Banner neu empor, denn das Zeichen mußte zum Heile aller sichtbar bleiben.«[37] In diesem Sinne heißt es auch im *Angriff*-Nachruf für Hans Steinberg: »Kamerad, wir springen in die Bresche! Wir entwinden die Sturmfahne deinen todesstarren Fäusten und pflanzen sie von neuem auf! Mitten hinein in die Gräberhügel der Wessel, der Kütemeyer, der Thielsch, der Moritz, der Norkus, der Curth, der Köster und der vielen anderen, die für uns gefallen sind. Dann reißen wir sie an uns und hörst du, – die Sturmsignale gellen schon! Hans Steinberg, sie blasen den Sieg! Wir sind mit dabei, – in deinem Geiste!«[38] Doch häufiger beherrscht die Prozessionen ein anderes Bild: »Die Fahnen ragen wie ein blutiger Wald.« »Schweigend formieren sich die Züge, marschieren verhaltenen Schritts hinter dem Fahnenwald.«[39] Ein »Wald blutroter«[40], »trauerflorumhüllter Fahnen umschließt die offene Gruft«[41]. Noch einmal Canetti: »Der Wald baut dem Kirchengefühl vor, dem Stehen vor Gott unter Säulen und Pfeilern. Sein gleichmäßigster und darum vollkommenster Ausdruck ist die Wölbung des Doms, alle Stämme in eine höchste und untrennbare Einheit verflochten. Ein anderer und nicht weniger wichtiger Aspekt des Waldes ist seine vielfache Unverrückbarkeit. Jeder einzelne Stamm ist festgewurzelt und gibt keiner Drohung von außen nach. Sein Widerstand ist absolut, er weicht nicht von der Stelle. Er kann gefällt, aber nicht verrückt werden. So ist er zum Symbol des *Heeres* geworden: ein Heer in Aufstellung,

[36] Elias Canetti, Masse und Macht, Frankfurt am Main 1996 [1960], S. 88f.
[37] Gamm, Braune Kult, S. 43
[38] *Der Angriff* (Herbert Seehofer), Nr. 139, Berlin, 8. Juli 1932, S. 8
[39] *Der Angriff* (Hans-Jürgen Nierentz), Nr. 13, Berlin, 16. Januar 1933, S. 5
[40] *Der Angriff*, Nr. 206, Berlin, 12. November 1931, S. 8
[41] *Der Angriff* (Friedrich A. Eck), Nr. 176, Berlin, 5. September 1932, S. 8

ein Heer, das unter keinen Umständen flieht; das sich bis zum letzten Mann in Stücke hauen läßt, bevor es einen Fußbreit Boden aufgibt.« Canetti weiter: »Das Massensymbol der Deutschen war das *Heer*. Aber das Heer war mehr als das Heer: es war der *marschierende Wald*. In keinem modernen Lande der Welt ist das Waldgefühl so lebendig geblieben wie in Deutschland. Das Rigide und Parallele der aufrechtstehenden Bäume, ihre Dichte und ihre Zahl erfüllt das Herz des Deutschen mit tiefer und geheimnisvoller Freude. Er sucht den Wald, in dem seine Vorfahren gelebt haben, noch heute gern auf und fühlt sich eins mit den Bäumen. Ihre Sauberkeit und Abgegrenztheit gegeneinander, die Betonung der Vertikalen, unterscheidet diesen Wald von dem tropischen, wo Schlinggewächse in jeder Richtung durcheinanderwachsen. Im tropischen Wald verliert sich das Auge in der Nähe, es ist eine chaotische, ungegliederte Masse, auf eine bunteste Weise belebt, die jedes Gefühl von Regel und gleichmäßiger Wiederholung ausschließt. Der Wald der gemäßigten Zone hat seinen anschaulichen Rhythmus. Das Auge verliert sich, an sichtbaren Stämmen entlang, in eine immer gleiche Ferne. Der einzelne Baum aber ist größer als der einzelne Mensch und wächst immer weiter ins Reckenhafte. Seine Standhaftigkeit hat viel von derselben Tugend des Kriegers. Die Rinden, die einem erst wie Panzer erscheinen möchten, gleichen im Walde, wo so viele Bäume derselben Art beisammen sind, mehr den Uniformen einer Heeresabteilung. Heer und Wald waren für den Deutschen, ohne daß er sich darüber im klaren war, auf jede Weise zusammengeflossen. Was anderen am Heere kahl und öde erscheinen mochte, hatte für den Deutschen das Leben und Leuchten des Waldes. Er fürchtete sich da nicht; er fühlte sich beschützt, einer von diesen allen. Das Schroffe und Gerade der Bäume nahm er sich selber zur Regel. Der Knabe, den es aus der Enge zu Hause in den Wald hinaustrieb, um, wie er glaubte, zu träumen und allein zu sein, erlebte dort die Aufnahme ins Heer voraus. Im Wald standen schon die anderen bereit, die treu und wahr und aufrecht waren, wie er sein wollte, einer wie der andere, weil jeder *gerade* wächst, und doch ganz verschieden an Höhe und an Stärke. Man soll die Wirkung dieser frühen Waldromantik auf den Deutschen nicht unterschätzen. In hundert Liedern und Gedichten nahm er sie auf, und der Wald, der in ihnen vorkam, hieß oft ›deutsch‹.«[42] »Es sieht so aus«, ergänzt der Kulturtheoretiker Klaus Theweleit, »als wäre der Wald (der ›deutsche‹) eines der Vorbilder der Formationen des faschistischen Massenornaments. Wald als formierte deutsche Männersehnsucht.«[43]

»Der Ablauf der nationalsozialistischen Beerdigungszeremonien war in der Zeit vor 1933 niemals perfekt«, so noch einmal Sven Reichardt, »aber die mit diesen Feiern verbundene Absicht des Appells an den Gehorsam, die

[42] Canetti, Masse, S. 98 und 202f.

[43] Klaus Theweleit, Männerphantasien, 2. Band, Frankfurt am Main 1978, S. 83
An anderer Stelle ergänzt Theweleit seine Betrachtungen: »Ich glaube, die Mauer wurde in

Opferbereitschaft und Kameraderie für eine sakral vorgestellte Nation wurden nicht erst in der Regimephase deutlich. Als immer mehr ›Märtyrer‹ der Bewegung zu beklagen waren, wurden die Begräbnisakte zunehmend professioneller, ohne jedoch grundsätzlich neue Sinndeutungen anzubieten. Die Bestimmung der nationalen Erlösung blieb weiterhin inhaltsleer, statt dessen ging es vornehmlich um die Herstellung einer emotionalen Atmosphäre, die den Glauben an den Nationalsozialismus, an die ›Idee‹, stärken sollte.«[44] Auch an den Zeremonien auf dem Luisenstädtischen Friedhof läßt sich (nach den Überlieferungen des *Angriff*) eine Professionalisierung, aber auch ein durchgehendes, gelegentlich variiertes Muster ablesen. Zunächst wird der Tote aufgebahrt. »In der kleinen Kapelle vor den Stufen des Altars steht der Sarg, eingehüllt im roten Flaggentuch mit dem Hakenkreuz auf weißem Grund.«[45] »An der Bahre ist die Sturmfahne aufgepflanzt.«[46] »Sie besteht aus rotem Tuch mit einer weißen Scheibe, in der sich das Hakenkreuz befindet. Bei einer Fahnenstangenlänge von 3 m hat das Fahnentuch ein Format von 120 x 140 cm. Die weiße Scheibe hat einen Durchmesser von 90 cm, das Hakenkreuz eine Höhe bzw. Breite von 60 cm bei 12 cm breiten Armen. [...] Wenn dem Sturm von dem obersten S.A.-Führer ein besonderer Name verliehen ist, so darf dieser [...] nahe dem oberen Rande des Fahnentuches, in einer Buchstabenhöhe von 8 cm, mit Gold- bzw. Silberschnur eingestickt werden.«[47] »Sturmfahne Hermann Thielsch!«[48], zum Beispiel. »In Haltung und Miene ehern erstarrt, flankieren«[49], »reglos wie schwarze Bildsäulen«[50], Kameraden des Toten »den Sarg und halten Ehrenwache«[51], eine »blühende Jugend«.[52] »Die Sturmriemen heruntergelassen, die Blicke in die Ferne gerichtet. Die Armbinden umflort, marmorbleich, stahlhart, unbeweglich, stumm.«[53] Dann beginnt die Trauerfeier. »In längerer Gedenkrede würdigt der Geistliche« – es ist in aller Regel der anfangs erwähnte Arbeiter im Weinberg des Herrn, der postmortale Parteigenosse h.c., Dr. Johannes Wenzel – »das Märtyrertum des nun toten

den siebziger und achtziger Jahren zum neuen deutschen nationalen Symbol im Sinne Canettis; die Mauer beerbte den Wald; der Deutsche (beider Staaten) lief nicht mehr zusammen, um im Heer die Aufnahme in den gemeinsamen Großen Körper zu erleben, er baute sich neu als gereinigter, durch die Mauer von der *Geschichte abgetrennter* Körper, Körper einer neuen Geschichtsepoche des Nichtkriegs, des Patts zwischen den Blöcken; des Patts, dessen sichtbarster Ausdruck die Mauer war.« Klaus Theweleit, Das Land, das Ausland heißt, München 1995, S. 23

[44] Reichardt, Faschistische Kampfbünde, S. 554

[45] *Der Angriff*, Nr. 227, Berlin, 3. November 1932, S. 7

[46] *Der Angriff*, Nr. 133, Berlin, 1. Juli 1932, S. 10

[47] Freiherr von Eelking (Hg.), Die Uniformen der Braunhemden, München 1934, S. 38

[48] *Der Angriff*, Nr. 133, Berlin, 1. Juli 1932, S. 10

[49] *Der Angriff* (Friedrich A. Eck), Nr. 176, Berlin, 5. September 1932, S. 8

[50] *Der Angriff*, Nr. 206, Berlin, 12. November 1931, S. 8

[51] *Der Angriff* (Friedrich A. Eck), Nr. 176, Berlin, 5. September 1932, S. 8

[52] *Der Angriff*, Nr. 206, Berlin, 12. November 1931, S. 8

[53] *Der Angriff* (Herbert Seehofer), Nr. 139, Berlin, 8. Juli 1932, S. 8

SA.-Mannes.«[54] »Nach Beendigung der Feier in der Friedhofskapelle formiert sich der Trauerzug hin zur schmalen, kühlen Erdengruft.«[55] Die Prozession beginnt. »Dumpfer Trommelwirbel klingt wieder über die verschneiten Grabkreuze, das Totenglöcklein läutet wieder einmal zum letzten Gang eines braunen Soldaten.«[56] Als die Leichenbegängnisse ab der Beerdigung des Hitlerjungen Walter Wagnitz am 7. Januar 1933 auch außerhalb des Friedhofs marschieren (dürfen), »dröhnen Trommeln durch Berlin«, »Trommelschlag schüttert«, »Marschtritt schallt schon wieder in den Straßen«, auf dem Friedhof wartet man »auf jenen Zug, dessen Trommelklang in dumpfer Monotonie aus der Ferne über die Gräber hallt, immer näher und näher und näher und lauter und lauter«[57]. »Gedämpfter Trommelschlag«[58]. »Dumpfe Trommeln«[59]. Dann, plötzlich: »Die klagenden Trommeln verstummen.«[60] Bedeutungsheischend kommt wieder das wichtigste Requisit ins Spiel: »Ein Wald trauerflorumhüllter Fahnen umschließt die offene Gruft.« Dieses Ritual bleibt sich immer gleich, manchmal steht als Komparsin »still und weinend eine deutsche Frau und Mutter«[61] an der braunen Senkgrube. »Die Fahnen haben sich gesenkt, und das Lied vom guten Kameraden hat zum letzten mal den toten Freund gegrüßt«, »schwebt über den Friedhof in klagenden Klängen«.[62]

»Ich hatt' einen Kameraden,
Einen bessern findst du nit.
Die Trommel schlug zum Streite,
Er ging an meiner Seite
In gleichem Schritt und Tritt.

Eine Kugel kam geflogen,
Gilt's mir oder gilt es dir?
Ihn hat es weggerissen,
Er liegt mir vor den Füßen,
Als wär's ein Stück von mir.

Will mir die Hand noch reichen,
Derweil ich eben lad'.

[54] *Der Angriff* (Friedrich A. Eck), Nr. 176, Berlin, 5. September 1932, S. 8
[55] *Der Angriff*, Nr. 227, Berlin, 3. November 1932, S. 7
[56] *Der Angriff*, Nr. 49, Berlin, 27. Februar 1933, S. 5
[57] *Der Angriff* (Hans-Jürgen Nierentz), Nr. 13, Berlin, 16. Januar 1933, S. 5
[58] *Der Angriff*, Nr. 191, Berlin, 26. Oktober 1931, S. 6
[59] *Der Angriff*, Nr. 133, Berlin, 1. Juli 1932, S. 10
[60] *Der Angriff* (Herbert Seehofer), Nr. 139, Berlin, 8. Juli 1932, S. 8
[61] *Der Angriff* (Friedrich A. Eck), Nr. 176, Berlin, 5. September 1932, S. 8
[62] *Der Angriff*, Nr. 133, Berlin, 1. Juli 1932, S. 10

Kann dir die Hand nicht geben,
Bleib du im ew'gen Leben
Mein guter Kamerad!«[63]

Der nationalsozialistische Mythos behauptet, diesem Lied sei seine tatsächliche Bedeutung erst 1925 am Grab eines ›Märtyrers‹ gegeben worden: »Aus den rauhen Männerkehlen stieg es auf wie ein Choral. Wie oft hatte man dieses Lied in der Marschkolonne hinausgeschmettert, ohne über den Sinn und Inhalt des Uhlandschen Textes weiter nachzudenken. Es war eben ein Marschlied wie so viele andere. Bis zu jenem Begräbnistage. Da ist das Lied vom guten Kameraden zum feierlichen Choral geworden und die erste Sturmabteilung Berlins hat dem Lied seinen wahren, tiefen Sinn gegeben. So ist es geblieben bis auf den heutigen Tag. Bei jeder Totenehrung wird das Lied: ›Ich hatt' einen Kameraden‹ von der Kapelle in getragenem Zeitmaß und zartestem Piano intoniert, während die Trauerversammlung mit zum Gruß erhobener Hand in stiller Andacht verharrt.«[64] *Der gute Kamerad*, wie das 1809 von Ludwig Uhland gedichtete und 1825 von Friedrich Silcher vertonte Stück eigentlich heißt, ist so etwas wie die »heimliche deutsche Hymne«. Seine Popularität erhielt es in den Schützengräben des Ersten Weltkriegs – allerdings mit einem angehängten »Potpourri erzpatriotischer Kehrreime«[65]. Bis heute wird es textlos an jedem Volkstrauertag trompetet.

Die Nationalsozialisten verstehen es nicht nur in diesem Fall, den »Mythos des Kriegserlebnisses«[66] für sich zu nutzten. Wenngleich auch nicht genau dasselbe gemeint ist, folgt der »unbekannte SA-Mann«[67] seinem uniformierten, anonymen Geschlechtsgenossen des Großen Krieges nach. Die Terroristen der SA sterben stets wie ›richtige‹ Soldaten für Volk und Vaterland, für Deutschland, gar für »die wahre deutsche Volksgemeinschaft«[68]. Nun: der Pfarrer spricht. Und anschließend der bei fast jeder Beerdigung anwesende Gauleiter Goebbels: »Mit leidenschaftlicher Geste packt er das rote Fahnentuch der Hakenkreuzfahne, die in Trauer über dem Grab gesenkt ist.« Es folgt die bekannte Leier: Rache, Rache, Rache für 200[69], 320[70], 400[71] ›Opfer‹, Zahlen, so absurd wie ein Zeitungsherausgeber, den ein Fah-

[63] Ludwig Uhland, *Der gute Kamerad* [1809], nach: Hanspeter Brode (Hg.), Deutsche Lyrik, Frankfurt am Main 1990, S. 162
[64] Hans Bajer in: *Die Musik* – Amtliches Organ der NS-Kulturgemeinde, Berlin, Dezember 1936, S. 173
[65] Kurt Oesterle, Die heimliche deutsche Hymne; zuerst in: *Schwäbisches Tagblatt*, Nr. 264, Tübingen, 15. November 1997, auch unter: http://www.bdzv.de/kurt_oesterle.98.html
[66] Mosse, Gefallen, S. 16
[67] *Der Angriff* (H. O.), Nr. 184, Berlin, 25. September 1931, S. 10
[68] *Der Angriff*, Nr. 227, Berlin, 3. November 1932, S. 7
[69] *Der Angriff*, Nr. 191, Berlin, 26. Oktober 1931, S. 6
[70] *Der Angriff*, Nr. 133, Berlin, 1. Juli 1932, S. 10
[71] *Der Angriff*, Nr. 227, Berlin, 3. November 1932, S. 7

nen- und Uniformverbot schmerzlicher trifft als das Verbot seines Blattes.[72] Gelegentlich steht ihm hoher Besuch bei: Hitler, Röhm, von Schirach ... Doch es geht dem Höhepunkt zu. »Die umflorten Fahnen recken sich wieder steil empor«[73], »der Sang schwillt an«[74] und mit ihnen sicher so mancher Penis. »Die Fahne hoch ... die Reihen fest geschlossen ...!«[75] »Später, im Berliner Schulalltag«, erinnert sich Heinz Knobloch in seinem fein erzählten Buch *Der arme Epstein*, »wurde das Horst-Wessel-Lied unliebsam, weil man es der Nationalhymne angepappt hatte. Was bedeutete, daß man beide mit erhobenem rechten Arm durchstehen mußte, was sehr anstrengend war. So kommt es, wenn ich heute das ›Deutschlandlied‹ höre, hören muß, immer noch, daß es bei mir, sobald der letzte Ton verklungen ist, im Kopfe nahtlos weitergeht: ›Die Fahne hoch!‹ Ich will das nicht! Es kommt von selber. So ist das, wenn eine neue Regierung sich nicht konsequent vom Alten trennen mag. Und während mir dabei früher der rechte Arm wehtat, schmerzt es heute woanders. Hitler hatte es besser. Er warf seinen Arm gebeugt nach hinten – wer dürfte das nachmachen? Manche Schüler stützten schon bei ›Reihen fest geschlossen‹ ihren rechten Arm mit dem Linken ab. Das sah so erbärmlich aus wie der ganze Vorgang.«[76] Und der ist nun fast beendet. »Kranz auf Kranz häuft sich rings um das Grab, gut eine Stunde lang. Dann sinkt die Nacht über den Todesgarten und hüllt das frische Grab in ihren barmherzigen Mantel.«[77] So und so ähnlich vollzieht sich der Akt. Das Heben und Senken variiert und neben Trommeln, *Horst-Wessel-Lied* und *Der gute Kamerad* klingt auch noch anderes Liedgut über den Friedhof und »zerflattert hinter den Gräbern«[78]. Etwa das Sturmlied *Heil Hitler dir!*, »der Schwur, der uns allen auf dem Herzen brennt«[79].

»Deutschland erwache aus deinem bösen Traum!
Gib fremden Juden in deinem Reich nicht Raum!
Wir wollen kämpfen für dein Auferstehn!
Arisches Blut darf nicht untergehn.

All diese Heuchler, wir werfen sie hinaus,
Juda entweiche aus unserm deutschen Haus!

[72] »Bemerkenswerterweise schätzte Goebbels den Wert von Fahnen in der Propaganda höher ein als den von Parteizeitungen. Weit empfindlicher als Beschlagnahme oder zeitweiliges Erscheinungsverbot der NSDAP-Presseorgane traf den Propagandaleiter das vorübergehende Fahnen- und Uniformverbot in den Jahren 1931 und 1932.« Arnold Rabbow, dtv-Lexikon politischer Symbole, München 1970, S. 113
[73] *Der Angriff*, Nr. 191, Berlin, 26. Oktober 1931, S. 6
[74] *Der Angriff* (Herbert Seehofer), Nr. 158, Berlin, 8. August 1932, S. 8
[75] *Der Angriff*, Nr. 133, Berlin, 1. Juli 1932, S. 10
[76] Heinz Knobloch, Der arme Epstein – Wie der Tod zu Horst Wessel kam, Berlin 1993, S. 78
[77] *Der Angriff*, Nr. 206, Berlin, 12. November 1931, S. 8
[78] *Der Angriff* (Hans-Jürgen Nierentz), Nr. 13, Berlin, 16. Januar 1933, S. 5
[79] *Der Angriff*, Nr. 87, Berlin, 30. April 1932, S. 3

Ist erst die Scholle gesäubert und rein,
werden wir einig und glücklich sein.
Wir sind die Kämpfer der N.S.D.A.P.,
Treudeutsch im Herzen, im Kampfe fest und zäh.
Dem Hakenkreuz ergeben sind wir.
Heil unserm Führer, Heil Hitler dir!«[80]

Oder der *SA-Totenmarsch* vom »Parteigenossen Lotar Olias«[81].

»Dumpf dröhnt die Trommel, einsam und schwer,
Von fern zieht heran das Totenheer – – –
Starr sind die Augen, geballt ist die Hand,
Sie starben den Tod fürs Vaterland.«

Olias ist ein regelrechtes Multitalent. Er beherrscht nicht nur das Genre des national-pathologischen Trauergesangs, er versteht sich auch auf das antisemitische Fach:

»Gott segne unsern Führer
und das Werk seiner Tat,
daß er uns allzeit schütze
vor Juda und Verrat!«[82]

Der Kulturwart der Ortsgruppe Wartburgplatz, Theodor Ehrenfried, genannt Lotar Olias, wurde 1913 in Königsberg geboren, trat am 1. Februar 1933 unter der Mitgliedsnummer 1.478.935 der NSDAP bei und starb 1990 in Hamburg.[83] Im *Lexikon des deutschen Schlagers* führt man ihn als deutschen Komponisten und Texter. Er arbeitete zunächst für das Kabarett und schrieb dann vor allem Film- und Bühnenmusiken, Chansons und Schlager sowie Musicals.[84] Zählt also sein *SA-Totenmarsch* zu den Werken für das Kabarett? Kein Wort davon. Im *Schlagerlexikon* beginnt seine Karriere erst 1949. Olias schrieb, erfährt man dort weiter, einige seiner größten Erfolge für den Sänger Freddy Quinn. Musikalisch verantwortlich zeichnet er auch für das sicher nicht erfolgreichste aber doch häßlichste Lied Quinns aus dem seltenen Genre des Polit-Schlagers mit dem bezeichnenden volksgemeinschaftlichen Titel *Wir.*

---

80 nach: *Die Musik* – Amtliches Organ der NS-Kulturgemeinde, Berlin, Dezember 1936, S. 172

81 Julek Karl von Engelbrechten, Eine braune Armee entsteht, München, Berlin 1937, S. 249f.

82 Willi Trubach (Hg.), Die Soldaten der neuen Zeit! 1933-1934 – Sammlung neuester nationaler Lieder und Dichtungen mit Notenbeispielen, Berlin o.J. [1934], unpag.

83 nach: Fred K. Prieberg, Handbuch Deutsche Musiker 1933-1945, Auprès des Zombry 2004, S. 5018 (CD-Rom)

84 Matthias Bardong / Hermann Demmler / Christian Pfarr (Hg.), Das Lexikon des deutschen Schlagers, Mainz, München 1993, S. 247, siehe auch: Stephan Pflicht, Musical-Führer, Mainz 2001, S. 398

»Wer will nicht mit Gammlern verwechselt werden? WIR!
Wer sorgt sich um den Frieden auf Erden? WIR!
Ihr lungert herum in Parks und in Gassen!
Wer kann Eure sinnlose Faulheit nicht fassen? WIR! WIR! WIR!

Wer hat den Mut, für Euch sich zu schämen? WIR!
Wer lässt sich uns're Zukunft nicht nehmen? WIR!
Wer sieht Euch alte Kirchen beschmieren
und muß vor Euch jede Achtung verlieren? WIR! WIR! WIR!

Denn jemand muß da sein, der nicht nur vernichtet,
der uns unsern Glauben erhält
der lernt, der sich bildet, sein Pensum verrichtet
zum Aufbau der morgigen Welt.

Die Welt von Morgen sind bereits heute: WIR!
Wer bleibt nicht ewig die lautstarke Meute? WIR!
Wer sagt sogar, dass Arbeit nur schändet?
wer ist so gelangweilt, so maßlos verblendet? IHR! IHR! IHR!

Wer will nochmal mit Euch offen sprechen? WIR!
Wer hat natürlich auch seine Schwächen? WIR!
Wer hat sogar sehr ähnliche Maschen
auch lange Haare, nur sind sie gewaschen? WIR! WIR! WIR!

Auch wir sind für Härte,
auch wir tragen Bärte,
auch wir geh'n oft viel zu weit.
Doch manchmal in guten
in stillen Minuten
da tut uns verschiedenes leid.

Wer hat noch nicht die Hoffnung verloren? WIR!
Und dankt noch denen, die uns geboren? WIR!
Doch wer will weiter nur protestieren,
bis nichts mehr da ist zu protestieren? IHR! IHR! IHR!«[85]

Man wähnt sich wieder im Kabarett. Doch es ist ernst. Und es kommt noch schlimmer. Olias' Name ist erstaunlich unbekannt für einen Mann, dessen vielleicht größten Erfolg fast jedes (deutsche) Kind kennt, der Woche für Wo-

[85] Lotar Olias, Klavieralbum, Folge 1, Die besten Lieder meines Lebens aus den 50er / 60er Jahren, Hamburg 1983, S. 211-216

che von tausenden bierseeligen Fußballfans in deutschen Stadien gegrölt wird und in der Nacht der Maueröffnung gar zur »Volkshymne«[86] mutierte: *So ein Tag, so wunderschön wie heute* ... Wie gesagt, ein Multitalent – doch ich schweife ab.

Ein anderer wunderschöner Tag, der 21. März 1933, der sogenannte *Tag von Potsdam*: »Heute vormittag kurz nach 10 Uhr begab sich Adolf Hitler in Begleitung von Dr. Goebbels zum Luisenstädtischen Friedhof in der Bergmannstraße, auf dem wir so manchen unserer gefallenen Kameraden begraben mußten. Der Führer besuchte die verschiedenen Gräber und verweilte vor den bekränzten Hügeln in stummem Gedenken. Am Grabe Hermann Thielschs legte Adolf Hitler einen Kranz aus Lorbeer und Tannengrün nieder. Auf der schwarzen Schleife standen die Worte: ›Meinen Toten Kameraden! Adolf Hitler.‹ Es war eine stille und ergreifende Stunde auf dem Friedhof. Inmitten der knospenden Büsche gingen unsere Gedanken zurück in die Tage, wo wir hier hinter dumpfen Trommeln unsere gemeuchelten Kameraden zu Grabe tragen mußten. Durch ihre Opfer wurde der heutige Tag errungen. In dankbarer Kameradschaft stand jetzt der Führer an ihren Gräbern, verbunden mit ihnen über den Tod hinaus. Sie starben, damit Deutschland lebe.«[87]

Die ›Kampfzeit‹ der ›Bewegung‹ war nun unwiderruflich zu Ende. Zu erwähnen bleibt noch ein Staatsbegräbnis (nach Stresemann das zweite, das der Friedhof erleben sollte). Der Leiter des Organisationsamtes der Deutschen Arbeitsfront und stellvertretende Leiter der Nationalsozialistischen Betriebszellenorganisation (NSBO), Reinhold Muchow, kommt im September 1933 bei einem Unfall ums Leben. »Muchow saß mit Freunden in einem Gasthaus; einer von ihnen verabschiedete sich, schnallte sein Koppel um, und als dabei sein Revolver auf den Tisch schlug, löste sich ein Schuß, der Muchow in den Bauch traf. Daraufhin jagte sich der Freund zwei Kugeln in den Kopf und war sofort tot; Muchow starb wenig später im Krankenhaus.«[88] »Mitglieder der SA und NSBO bildeten [...] mit brennenden Fackeln Spalier zur Gruft, in der beide nebeneinander beigesetzt werden sollten. [...] Oberkonsistorialrat Dr. Thom sprach Gebet und Segen, Hunderte von Fahnen senkten sich unter den Klängen des Liedes vom guten Kameraden über der Gruft.«[89] Alles wie gehabt. »Die kurze Feier an der Grabstätte endigt mit dem Horst-Wessel-Lied.«[90]

[86] Nachruf in: *Der Spiegel*, Nr. 44, Hamburg, 29. Oktober 1990, S. 334
[87] *Der Angriff*, Nr. 68, Berlin, 21. März 1933, S. 2
[88] Volker Ackermann, Nationale Totenfeiern in Deutschland, Stuttgart 1990, S. 184
[89] *Der Angriff*, Nr. 219, Berlin, 18. September 1933, S. 6
[90] *Der Angriff*, Nr. 218, Berlin, 16. September 1933, S. 13
In vollkommen unkritischer Übernahme einschlägiger Quellen nennt das 2006 erschienene

Nekrophiles Nachbild

Betrachtet man die Nachrufe des *Angriff*, fällt auf, daß ein wesentliches, bei Fromm und Mairgünther beschriebenes Merkmal der Nekrophilie vollständig fehlt: der Bezug zur Analität, zum Bild der plötzlichen Darmentleerung. Vielleicht ist es Zufall, möglicherweise Pietät oder es bedarf auf einem Friedhof schlicht keiner zusätzlichen nekrophilen Metapher. Die Dominanz der Farbenkombination schwarz-weiß-rot dagegen findet sich auch hier. Den Ausführungen Wilfred Mairgünthers dazu ist nichts hinzuzufügen und es sei ausdrücklich empfohlen, sein in Inhalt und Form ebenso kompaktes wie geistreiches, viel zu wenig beachtetes Büchlein *Morbus Hitler* zur Hand zu nehmen, schlägt es doch (literarische) Brücken weit über den Nationalsozialismus hinaus.

Es gibt eine weitere nekrophile Auffälligkeit, die in direktem Zusammenhang mit dem Friedhof steht und sich als ›Totschlagargument‹ tarnt. In verschiedenen frühen nationalsozialistischen Gedenk- und Propagandapublikationen werden immer wieder – frappierend oft – Bilder von Leichen der ›Bewegung‹ gedruckt. Am augenscheinlichsten in dem 1934 erschienenen Buch *Terror – die Blutchronik des Marxismus in Deutschland*. Etwa 70 Bilder von zum Teil wüst entstellten Leichen, dazu etliche weitere Fotografien von Aufbahrungen und Beerdigungen sollen als Anklage gegen die »vertierte Bolschewistenkreatur«[91] Zeugnis ablegen, als »Propaganda mit der Leiche« dienen, wie Harry Graf Kessler anläßlich des ersten Staatsbegräbnisses des Dritten Reichs für den »Totschläger«[92] Maikowski im Berliner Dom angewidert in sein Tagebuch schrieb. Es läßt sich aber auch als ein vollkommen unverschlüsseltes nekrophiles Manifest lesen.

Es bliebe viel zu sagen über die Nekrophilie *unserer* Zeit. Beispielsweise die Abwendung des »Marketing-Charakters« – wie Fromm den »neuen Menschentyp« der zweiten Hälfte des 20. Jahrhunderts nennt – von Kot und Leichen, hin zu einer aseptischen Technik. »Die Symbole des Todes«, so Fromm, »sind jetzt saubere glänzende Maschinen; die Menschen fühlen sich nicht mehr von übelriechenden Toiletten angezogen, sondern von Strukturen aus Aluminium und Glas.«[93] Doch auch die archaische Spielart hat überlebt. Selbstmordattentäter tragen starke nekrophile Züge und auch die naiven Fotografien deutscher Soldaten in Afghanistan, die sich gegenseitig mit Totenköpfen in teils obszönen Posen ablichteten, offenbaren diesen alten Geist der Nekrophilie.

Lexikon Berliner Grabstätten die hier erwähnten Nationalsozialisten allesamt als »durch Mörderhand gefallen«. Weitere Nationalsozialisten werden dort ohne jeglichen Kommentar als »alter Kämpfer der Bewegung«, »einer der ältesten Kämpfer Berlins« und »einer der frühesten Mitkämpfer von Adolf Hitler, Ehrenstandartenführer der Standarte ›Horst Wessel‹« geführt. Hans-Jürgen Mende, Lexikon Berliner Grabstätten, Berlin 2006, S. 77-84

91 *Der Angriff*, Nr. 87, Berlin, 30 April 1932, S. 3

92 Harry Graf Kessler, Tagebücher 1918-1937, Frankfurt am Main 1979, S. 705

93 Fromm, Anatomie, S. 393f.

Beerdigung eines ›Gefallenen der Bewegung‹ auf dem Luisenstädtischen Friedhof (vermutlich Erwin Moritz).

Oben und unten: Gräber auf dem ›Friedhof der Bewegung‹.

Oben und unten: Gräber auf dem ›Friedhof der Bewegung‹.

Oben: Beerdigung von Hans Steinberg.
Unten: Beerdigung von Fritz Schulz.

Adolf Hitler am Grab von Herbert Gatschke.

Oben: Marsch zur Beerdigung von Walter Wagnitz.
Unten: Marsch zur Beerdigung von Erich Sagasser.

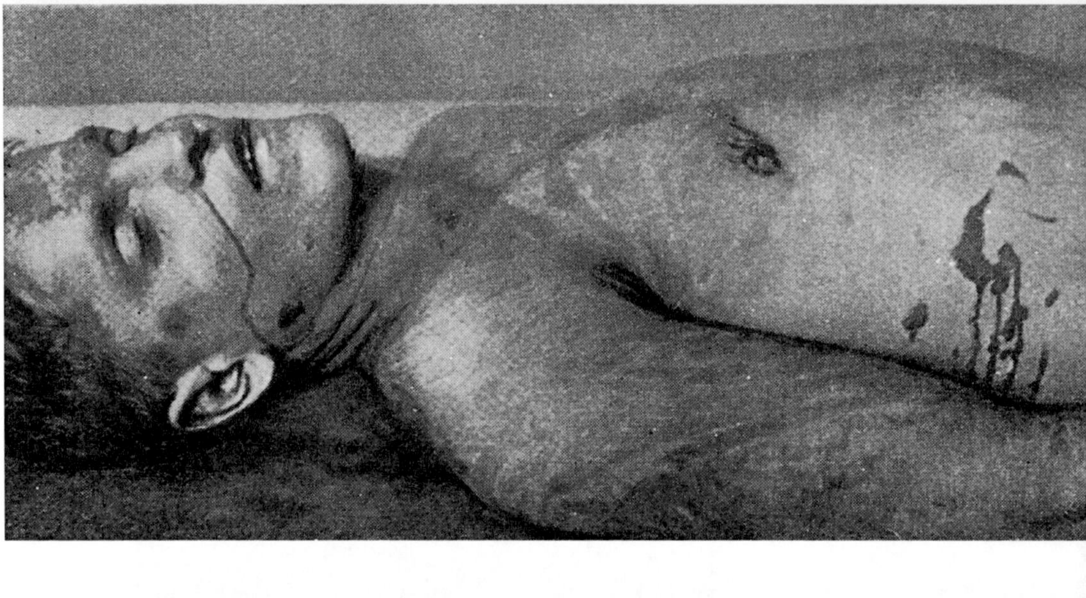

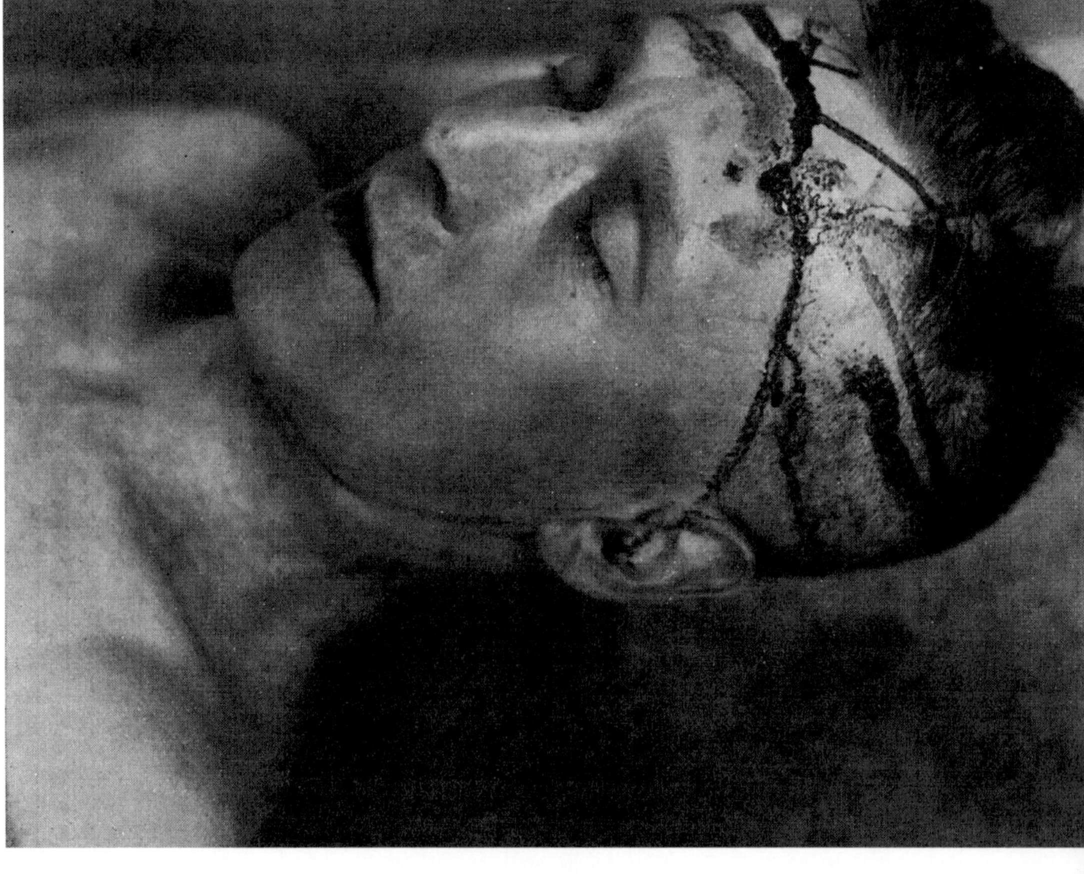

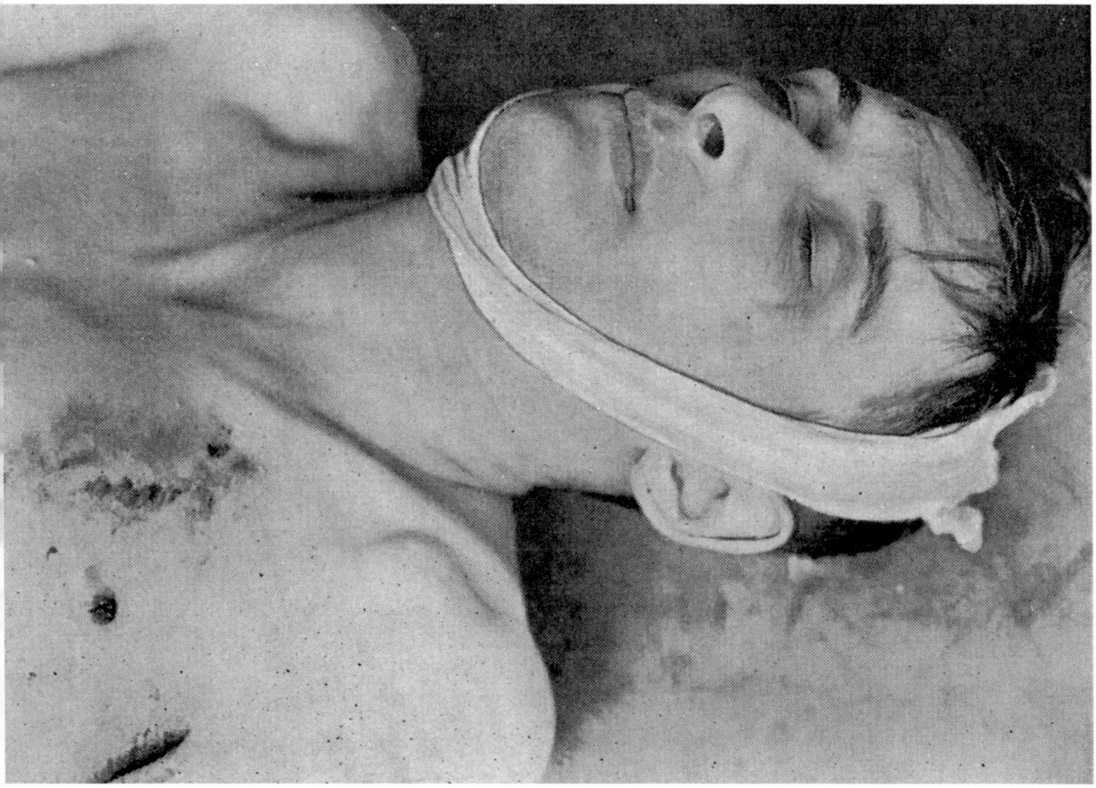

Die Leichen von Hermann Thielsch, Fritz Schulz und Herbert Gatschke aus dem Buch *Terror – Die Blutchronik des Marxismus in Deutschland*.

V. Der Garnisonfriedhof nach der ›Machtergreifung‹

Zurück zum Beginn des Dritten Reichs. Die Ruhe auf und vor allem um den Garnisonfriedhof trog nun gewaltig. Unter der Leitung des Weltkriegsteilnehmers, Freikorpssoldaten und Mitbegründers der Berliner NSDAP, Walther Wecke, nistete sich ab Mai 1933 die *Polizeibereitschaft z.b.V.* – zur besonderen Verwendung – in den Kasernen an der unweit gelegenen Friesenstrasse ein. Sie erwarb sich ihren Ruf bei Razzien im gesamten Stadtgebiet, die, so Kurt Schilde und Johannes Tuchel, »im Frühjahr 1933 fast täglich in den Berliner Zeitungen vermerkt [waren]; in aller Offenheit konnten die Leser verfolgen, wie Kiez um Kiez systematisch ›durchgekämmt‹ wurde«[1].

An anderer Stelle – ebenfalls in direkter Nähe zum Friedhof – war diese Offenheit unerwünscht. 1896 als Militärarrestanstalt erbaut, ab 1918 als Gefängnis genutzt, diente ein Haus ab Juli 1933 als Gestapo-Gefängnis und KZ, als Mord- und Folterzentrum. Es »wurden wohl die schlimmsten Greueltaten verübt, die sich menschliche Einbildung vorstellen kann«[2], wusste Eugen Kogon. Nicht wenige spätere Lager-Kommandanten, u.a. der SS-Standartenführer Karl Koch, mit dem Kogon in Buchenwald das ›Vergnügen‹ hatte, erhielten hier ihre ›Grundausbildung‹. »Mit drei oder vier andern werde ich auf einen Flitzer verladen«, berichtete beispielsweise der Schriftsteller und *Weltbühne*-Autor Kurt Hiller über den Beginn seiner mehrmonatigen Haft. »Wir müssen uns getrennt setzen und alle rückwärts, offenbar um nicht zu sehen, wohin die Reise geht. Nach einer kleinen Viertelstunde, etwa um acht Uhr abends, halten wir auf dem Hof eines jener halb kasernen- halb zuchthaushaften Backsteingebäude, die der Gegend am Rande des Tempelhofer Feldes ihr unerfreuliches Gepräge geben. Sollte das die berüchtigte General-Papestrasse sein? Der Fahrt nach kaum; auch herrscht hier die SS. Also ein Haus, das ich nicht kenne. (Bald sollte sich herausstellen, dass die Öffentlichkeit es gleichfalls nicht kennt und dass man seine Existenz aufs strengste geheim hält.) Wir müssen uns in einem engen halbdunklen Gang nebeneinander aufstellen, alles, was wir bei uns haben, vor uns niederlegen, in den Hut oder die Mütze: Brieftasche, Uhr, Messer, Bleistifte, Portemonnaie, sogar den Ring vom Finger, Krawatte und Kragen, das Taschentuch, den Hosengurt, die Schnürsenkel. Vor jeden von uns tritt ein SS-Kerl, dicht, fast Nase an Nase. Ich schaue mir meinen an, leicht analysierend; er brüllt, ich Schwein solle zu Boden sehen. Sein Nachbar, grinsend, wünscht mit ihm zu tauschen. Vor mich tritt ein riesiger Sportskerl, Promenadenmischung, höhnischer Blick,

[1] Kurt Schilde / Johannes Tuchel, Columbia-Haus – Berliner Konzentrationslager 1933-1936, Berlin 1990, S. 22

[2] Eugen Kogon, Der SS-Staat, Frankfurt am Main 1958 [1946], S. 38

spitze, etwas zu kleine Nase, unten rötlich. Er lacht mich an: ›Solche weeche Neese, die lieb ich besonders‹ – und schon habe ich vier, fünf Fausthiebe im Gesicht, mit voller Boxkraft aus nächster Nähe, dass mir schummrig wird und das Blut in vollem Strome aus der Nase schiesst. Man stösst mich in die Schreibstube, ich gebe die Sachen ab, die Personalien werden notiert. Dann jagt man mich mit Tritten in eine Zelle. Ich falle blutbesudelt auf den Strohsack. Die Tür knallt zu. [...] Noch ehe ich recht zur Besinnung komme, holt man mich wieder heraus, hetzt mich in ein geräumiges Zimmer. Seine Wände sind mit Peitschen und Geisseln drapiert; die Mitte nimmt ein grosser viereckiger blankgescheuerter Tisch ein; rings um ihn, teils sitzend teils stehend, etwa zwanzig SS-Leute, einer mit nacktem Oberkörper, muskelbepackt, wie der Henker auf Schundbildern. Die Gesichter der Männer: nicht höhnisch, meist ruhig-gespannt, in Erwartung von Wesentlichem. Das Kommando führt ein dicklicher bierblonder Patron, Mitte dreissig, über den ich später erfahre, dass er Lipke (Lübke?) heisst. Ich muss mich über den Tisch legen; vier Kerle pressen mir die Hände an die Kanten und halten meine Füsse fest. Hinter mich tritt der Entblösste mit riesiger Peitsche; (ich sehe sie nicht, aber ein paar Tage später zeigt sie mir in meiner Zelle grinsend der Boxer; sie ist zwei bis drei Meter lang und aus weich-breitem Leder). Fünfundzwanzig Hiebe. Nach dem fünften, sechsten glaube ich, das ist nicht überlebbar, und beginne zu schreien. Das stachelt sie; höhnische Zurufe. Nach dem vielleicht zwanzigsten brülle ich, ich würde ohnmächtig. Nach dem fünfundzwanzigsten tritt eine Pause ein. Ich falle hin; man reisst mich auf. Man befiehlt mir, Hose und Unterhose herunterzulassen, und ich muss mit dem Bauch abermals auf den Tisch. Man umklammert mir die Gelenke, drückt meinen Kopf mit einer Wucht auf die gescheuerte Platte, als wäre er vorn selber platt, hebt mir das Hemd hoch, und nun folgen neue fünfundzwanzig. Durch die Gewohnheit und bei sich verminderndem Bewusstsein werden sie um den Schatten einer Spur weniger unerträglich als die ersten. Nach der Exekution bin ich nicht viel lebendiger als eine Leiche. Auf der Tischplatte, wo mein Kopf lag, liegt eine grosse Lache Blut. ›Blutverlust: gering!‹ spottet Lipke. Dann fragt er mich: ›Na, ist dir einer abgegangen?‹ Die Frage verrät den Kerl; und die ganze Bande. Ich wanke zum Waschraum, vielmehr werde gewankt. Man steckt mir den Kopf unter einen dicken Strahl kalten Wassers: als Peinigung gedacht, als Wohltat empfunden. Von Abtrocknen keine Rede. Man treibt mich im Laufschritt zur Zelle; ein ungeheurer Fusstritt befördert mich hinein. Ich fliege an die der Tür gegenüberliegende Steinwand; auf der Stirn klafft eine Wunde; ich versinke in Schlaf. So sieht der Anfang, so der Empfang aus; nicht nur bei mir. Alle Intellektuellen werden so empfangen, alle Juden, die meisten Kommunisten und ein Teil der Sozialdemokraten. Ein Kamerad erzählte mir später, er habe nicht fünfzig, sondern hundertzehn Peitschenhiebe bekommen. Der Fall, dass

Gesässbacken fortoperiert werden mussten, weil das zerwalkte Fleisch faulte, war nicht selten. [...] Nach Wochen kombiniere ich aus Gerüchtfetzen, die in den spärlichen Minuten des Zusammenseins mit Kameraden mir zufliegen, dass dieses Haus eine ehemalige Militärarrestanstalt ist, nahe der Friesen-, in der Columbia-Strasse, am Nordrand des Feldes, gegenüber von Tempelhof. Erst am zweiten Oktober erfahre ich durch einen freundlichen Kommissar, der mich in fremder Sache vernimmt, den amtlichen Namen des Instituts: ›Columbia-Haus‹.«[3] Bevor dieses *Institut* 1936 aufgelöst, das Haus anschliessend abgerissen wird und die Häftlinge in das KZ Sachsenhausen überstellt werden, lernten – neben etwa 8.000 anderen – so unterschiedliche Menschen wie Leo Baeck, Werner Finck, Erich Honecker, Berthold Jacob, Robert M.W. Kempner, Werner Seelenbinder, Ernst Thälmann oder Armin T. Wegner – um nur einige wenige zu nennen – hier die Umgangsformen des ›neuen Deutschland‹ *peinlichst* genau kennen.

Doch noch einmal zurück: Auf dem Tempelhofer Feld hatte sich weder heimlich, still noch leise in den frühen zwanziger Jahren ein Flughafen etabliert. Die rasante Entwicklung des Flugverkehrs war so überraschend, daß die bereits vorhandenen Neubaupläne förmlich vom Verkehrsaufkommen überrollt wurden. Schon in der Kaiserzeit waren die Berliner begeistert von den Flugversuchen der Pioniere, »die Entwicklung des Flugwesens und des Flughafens Tempelhof [schiebt sich] in das Bewußtsein der Menschen als etwas Großartiges, Modernes und bisher nicht Dagewesenes. Die Flugbegeisterung kennt keine Grenzen, und die Piloten, die sich mehr oder weniger ›durchschlagen‹, zeigen in der Öffentlichkeit artistische Leistungen und machen den Traum des Ikarus, den Wunsch des Menschen, zu fliegen, wahr.«[4] Die Flugschauen der Zwanziger zogen oftmals Hunderttausende hinaus zum Tempelhofer Feld. Diese Anziehungskraft machte sich auch Hitler zunutze, als er hier am 1. Mai 1933 mit 1½ Millionen Teilnehmern den ersten ›Tag der nationalen Arbeit‹ feierte. Dies war auch der Beginn einer großen Männerfreundschaft. Ein junger, ambitionierter Architekt konnte die ›Regie‹ dieses Tages an sich reißen und seinen ›Führer‹ auf sich aufmerksam machen: Albert Speer. Noch ehe der spätere *Generalbauinspektor für die Reichshauptstadt Berlin* die Zerstörungen und »schlechthin unbegreiflichen, jedes menschliche Maß sprengenden«[5] Neugestaltungsplanungen der Metropole zur *Welthauptstadt Germania* in Angriff nahm, wurde der Neubau des *Weltflughafens Tempelhof* nun zum architektonischen Prestige- und Großprojekt des Dritten Reichs und machte – nebenbei – auch den Abriß des Columbia-Hauses nötig.

[3] *Die Neue Weltbühne*, 31.Jg., Prag, Zürich, Paris, 3. Januar 1935, Nr. 1, S. 19 und 10. Januar 1935, Nr. 2, S. 40f. und 45

[4] Laurenz Demps / Carl-Ludwig Paeschke, Flughafen Tempelhof – Die Geschichte einer Legende, Berlin 1998, S. 42f.,

[5] Hans J. Reichhardt / Wolfgang Schäche, Von Berlin nach Germania, Berlin 1998, S. 7

»Der am Nordrand des Zentralflughafens gelegene Garnison-Friedhof Hasenheide steht bekanntlich vor einer umfassenden Neugestaltung«[6], so der *Völkische Beobachter.* »Die unmittelbare Veranlassung gab dazu die notwendige Vergrößerung des Zentralflughafens Tempelhof«, ergänzte das *Neuköllner Tageblatt.* »Dieser gewaltige Ausbau machte es unvermeidlich, dem Gelände eine gewisse Abrundung zu geben, durch die eine glatte Abwicklung des zivilen Luftverkehrs auch in der Zukunft möglich sein wird.«[7] »Als ein ungefähr gleichgroßer und vollwertiger Ersatz steht ein Teil des unmittelbar östlich vom bestehenden Friedhof gelegenen Geländes der Städtischen Gärtnerei zur Verfügung. [...] Das neue Friedhofsgelände wird im Vergleich zu dem bisherigen noch mehr auf den Charakter eines Soldatenfriedhofes abgestellt werden. Die Aufteilung in zahlreiche Gräberfelder, die von vielen und breiten Wegen durchbrochen werden, geben der gegenwärtigen Anlage kein hinreichend geschlossenes Gefüge. Die neue Einteilung sieht eine Zusammenfassung und Zusammenlegung sämtlicher vorhandenen Soldatengräberfelder zu einer Gesamtanlage vor, die lediglich in vier große Blocks aufgeteilt werden wird. Dadurch wird der große Gedanke des Kriegsopfers, der dieser Stätte ja zu eigen ist, bedeutend gehoben und eindringlich gestaltet. Nach dem Gesetz haben die im Weltkriege gefallenen und verstorbenen Angehörigen der alten Armee das ewige Ruherecht. Ihre Gräber können jedoch aus besonderen Gründen verlegt werden, wenn eine würdige Ersatzstelle gesichert ist. Diese Voraussetzung erfüllt die Neuanlage, die in jeder Hinsicht ausgesprochen schön und eindrucksvoll zu werden verspricht.«[8] »Der Neubau des Berliner Flughafens«, berichtete auch die Zeitschrift *Der Friedhof* im April 1937, »bedingt [...] die teilweise Räumung des Garnison-Friedhofs. [...] Hier ruhen 6.000 deutsche Soldaten des Weltkrieges. Grabstein an Grabstein, in Reih und Glied – wohlausgerichtet. Angetreten zum letzten Appell. [...] Und jetzt müssen noch einmal ein paar hundert tote Krieger marschieren.«[9] Abgesehen davon, daß nicht *ein paar hundert*, sondern fast alle der etwa 6.000 Weltkriegsleichen – oder besser das, was von ihnen übrig war – noch einmal *marschieren* mußten: Die *gewisse Abrundung* des Geländes war technisch nicht erforderlich zur *glatten Abwicklung* des Luftverkehrs, die Verlegung des Friedhofs also unnötig. Dieser Teil »wurde nicht für Startbahnen, Wartungsbauten oder Sicherheitsstreifen benötigt, allein ›graphische Erfordernisse‹ [...] verursachten die Umbettung [...]. Schon der Blick auf den Stadtplan zeigt, daß es den Planern nur darum ging, ein makelloses Oval herzustellen.«[10]

Natürlich mußten auch viele Ehrenmale neu plaziert werden. »Damit steht auch eine Verlegung des Denkmals für die Gefallenen des ehemaligen

[6] *Völkischer Beobachter*, Nr. 58, Berliner Ausgabe, 27. Februar 1937, S. 9
[7] *Neuköllner Tageblatt*, Nr. 69, 23. März 1937, S. 5
[8] *Völkischer Beobachter*, Nr. 58, Berliner Ausgabe, 27. Februar 1937, S. 9
[9] *Der Friedhof*, 33. Jg., Nr. 4, Berlin, April 1937, S. 51
[10] Schütze, Befreiungskriegen, S. 80

Regiments Königin Augusta, das auf dem Garnisonfriedhof steht, bevor«, so der bescheiden als »Bundesführer« firmierende Vorsitzende des eingetragenen Vereins Alt-Augusta, Generalleutnant a.D. Hans von Tieschowitz, in einem Brief an die Stadtverwaltung. »Dieses Denkmal [...] hat einen besonderen *Kunstwert*, aber auch eine besondere *politische Bedeutung*. Es stellt einen mit dem Fahnentuch bedeckten toten Soldaten dar, der im Todeskrampf [sic] die Faust emporreckte. Diese Faust richtet sich gegen die uns im Diktat von Versailles aufgezwungene Vergewaltigung, was auch in der Aufschrift: ›exoriare aliquis nostris ex ossibus ultor‹ zum Ausdruck kommt. Es war seiner Zeit beabsichtigt, das Denkmal auf einem öffentlichen Platz Berlins zu errichten. Die Genehmigung wurde durch die damalige marxistisch-pacifistisch eingestellte Stadtverwaltung nicht erteilt, weil das Denkmal zu kriegerisch sei. Dieser Grund zur Ablehnung fällt in heutiger Zeit fort. Der Regimentsbund erneuert daher seinen Antrag, das Denkmal, falls die Verlegung in Frage kommen sollte, auf einem öffentlichen Platz oder in einem Park in der Nähe des Tempelhoferfeldes, wo die alten Kasernen des Regiments stehen, oder auch an der Heerstrasse nach Döberitz aufstellen zu lassen. Ich halte dieses Gefallenen-Denkmal für das bemerkenswerteste, das Berlin besitzt, und das daher seinen Platz an einer Stelle finden sollte, wo es besonders zur Geltung kommt und von Vielen gesehen wird. Heil Hitler!«[11] Entgegen seinem Wunsch blieb das Denkmal auf dem Friedhof, bildet nach der Verlegung aber das repräsentative Zentrum desselben.

Die Nationalsozialisten sollten während der gesamten NS-Zeit nur ein einziges Denkmal auf dem Friedhof einweihen: »Die Kameradschaft ehem. Angehöriger der Jugendwehr zu Berlin e.V.«, so die im Grundstein versenkte Urkunde, »widmete dieses Ehrenmal allen gefallenen ehemaligen Angehörigen der Deutschen Jugendwehren und Jugendkompagnien des Preussischen Generalkommissariats für militärische Jugendvorbereitung. Tausende von deutschen Jungen dienten in Liebe und Begeisterung ihrem Vaterlande und bereiteten sich in den Jugendwehren auf den Dienst für das Vaterland in Selbstaufopferung vor. Tausende dieser Heldenjungen liessen ihr junges Leben für Deutschland! Die Berliner Jugendwehr war die Keimzelle der Jugendwehren und militärischen Jugendvorbereitungsorganisationen für die ganze Welt! Unsere Jugendwehren waren das Rückgrat für die Armee und es gibt heute keinen Staat ohne militärische Jugendorganisation!«[12] »Als echt soldatische Veranstaltung verlief die Erinnerungsfeier [...]. Bei der Enthüllung waren eine Ehrenkompagnie des Wachregiments Berlin mit Musikzug und Fahnen, ein Sturm der SS-Standarte 75, die Kameradschaften des Kreisverbandes Berlin-Kreuzberg und Potsdamer HJ angetreten. [...] Dann fiel die Hülle des Ehrenmals. Unter dem eisernen Kreuz sieht man das Symbol der

[11] Hans von Tieschowitz an die Stadtverwaltung Berlin, Brief vom 21. August 1936, LAB A Rep. 044-08, Nr. 140

[12] Faksimile in: Schütze, Befreiungskriegen, S.162

Denkmal des Königin Augusta Garde-Grenadier-Regiments Nr. 4.

Einweihung des Jugendwehr-Ehrenmals im September 1936.

Front, den Stahlhelm.«[13] »Als Vertreter der Bundesleitung des Kyffhäuserbundes sprach dann General von Enckevort. Er würdigte das Werk der einstigen Jugendwehren, das nach dem Kriege unter den größten Schwierigkeiten von den Jugendabteilungen des Kyffhäuserbundes übernommen und jetzt von der Hitler-Jugend weitergeführt wird.«[14]

Die grobe Behandlung und das weitgehende Desinteresse könnten vermuten lassen, daß die Nationalsozialisten den Friedhof nicht ›mochten‹, wie Karl-Robert Schütze in seiner Betrachtung mutmaßt und dabei die preußischen Traditionen des Gräberfeldes als Ursache für dieses Unbehagen ausmacht.[15] Plausibel ist das nicht. Elias Canetti gibt einen anderen Hinweis: »Eine neu entstandene Macht, die sich behaupten will, muß an eine Neuordnung der Zeit gehen. Es ist, als beginne mit ihr die Zeit; wichtiger noch ist jeder neuen Macht, daß sie nicht *vergeht*.«[16] Dazu gehört auch, die Vor-Zeit als *vergangen* deutlicher zu machen. In Berlin diente die Verlegung der Siegessäule und des Bismarckdenkmals vom dann wieder Königsplatz genannten Platz der Republik hin zum Großen Stern nicht nur dem Zweck, Raum für den Neubau

[13] *Berliner Lokal-Anzeiger*, 7. September 1936, Nr. 215A, S. 4
[14] *Der Montag (Berliner Lokal-Anzeiger)*, Nr. 34, 7. September 1936, S. 6
[15] Schütze, Befreiungskriegen, S. 83
[16] Canetti, Masse, S. 471

Die Gräber des ›Heldenfriedhofs‹ nach der Umbettung.

der gigantischen Soldatenhalle zu schaffen, sie verfolgte auch ein denkmalpolitisches Ziel. »Nach dem Willen des Führers und Reichskanzlers Adolf Hitler«, so die neue (vierte) im Grundstein der Siegessäule versenkte Urkunde, »und den Angaben des Generalbauinspektors für die Reichshauptstadt, Professor Albert Speer, ist der Große Stern als Kernstück der verbreiterten Ost-West-Achse zu einem Platz der Erinnerung an das Zweite Reich monumental umgestaltet worden.«[17] In diesem Sinne könnte man auch den Garnisonfriedhof als Erinnerungsstätte an das *Zweite Reich* verstehen. Denn die Planungen für den Friedhof des *Dritten Reichs* – keinen Steinwurf entfernt – waren schon im vollen Gange; und die zumindest offizielle Achtsamkeit, mit der man bei der Umbettung der Heldenknochen pedantisch darauf Wert legte, »daß die Kameraden wieder so beieinander liegen, wie es sich bei ihrem Ableben von selbst ergab«[18], zeugt weniger von Geringschätzung als vielmehr von ehrfurchtsvollem Respekt.

[17] Faksimile in: Klaus Dettmer, Die Grundsteinlegungsurkunden der Siegessäule, in: Berlin in Geschichte und Gegenwart – Jahrbuch des Landesarchivs Berlin, Hans J. Reichardt (Hg.), Berlin 1984, S. 70

[18] *Völkischer Beobachter*, Nr. 58, Berliner Ausgabe, 27. Februar 1937, S. 9

VI. Standortfriedhof Lilienthalstraße / Der Zweite Weltkrieg

»Berlin, nicht nur Hauptstadt, sondern auch erste Soldatenstadt Deutschlands«, so die *Berliner Börsen-Zeitung* im November 1940, »ist reich an Heldengedenkstätten und Heldengräbern. Da schlummern auf dem erinnerungsreichen Invalidenfriedhof in der Scharnhorststraße Preußens unvergessene Helden wie Scharnhorst und Friesen, Manfred von Richthofen und Generaloberst von Seeckt; auf dem halbvergessenen alten Garnisonfriedhof in der Rosenthaler Straße liegt inmitten alter versunkener Gräber das wohlerhaltene des Generalmajors Adolf von Lützow, des Führers des Lützowschen Freikorps; im Norden, in der Müllerstraße, und im Süden, an der Columbiastraße liegen zwei große ›Neue Garnisonfriedhöfe‹, von denen der zweite aber auch schon über 125 Jahre alt ist und vor einigen Jahren infolge der Neuanlagen des Flughafens Tempelhof zum Teil verlegt und vergrößert wurde. Berlins jüngster Ehrenfriedhof aber ist der ›Neue Standortfriedhof‹ an der Hasenheide und Lilienthalstraße.«[1]
»Seit dem Frühjahr 1938 wird an dem neuen Standortfriedhof [...] gearbeitet«, notierte die Berliner Presse im vierten Kriegsmonat in freudigem, fast wortwörtlichem Gleichklang. »Die neue Anlage sollte ursprünglich in diesem Jahre fertiggestellt werden, doch haben sich die Arbeiten länger als vorgesehen hingezogen. Jetzt sind aber die Erdarbeiten abgeschlossen, und man bekommt bereits ein Bild von dem späteren Aussehen des Heeresfriedhofs im Süden der Reichshauptstadt.«[2] »Er wird aber im Gegensatz zu den meisten Friedhöfen Berlins«, so das *Neuköllner Tageblatt*, »von wenigen Ausnahmen abgesehen, ein völlig neues Aussehen haben, da er zu den ersten Friedhöfen gehört, die nach modernen und neuzeitlichen Gesichtspunkten angelegt werden. Die Kunst der Friedhofsgestalter geht ja in unserer Zeit völlig neue Wege. So wird sich der neue Standortfriedhof von den meisten anderen Friedhöfen Berlins nicht nur dadurch unterscheiden, daß er der Begräbnisplatz der Soldaten sein soll. Auch äußerlich wird er dem Besucher ein anderes Bild zeigen, als alte Friedhöfe mit ihren verschiedenen Grabmälern und allen ihren Eigenheiten, die uns nicht immer einen schönen und würdigen Gesamteindruck vermitteln. Dabei ist nicht an eine öde Gleichmacherei gedacht. Nur das schöne und würdige Gesamtbild der Gräberfelder wird von der Verwaltung geplant und hinsichtlich seiner Ausführung überwacht. In seinem Rahmen können die persönlichen Wünsche dann weitestgehend Berücksichtigung

[1] *Berliner Börsen-Zeitung*, Morgenausgabe, Nr. 557, 24. November 1940, S. 15
[2] *Deutsche Allgemeine Zeitung*, Abendausgabe, Berlin, Nr. 592, 12. Dezember 1939, S. 3; vgl.: *Berliner Börsen-Zeitung*, Abendausgabe, Nr. 584, 12. Dezember 1939, S. 4; *Berliner Morgenpost*, Nr. 297, 13. Dezember 1939, S. 6; *Neuköllnische Zeitung*, Nr. 291, 13. Dezember 1939, S. 5

finden. Bei dem neuen Standortfriedhof werden die inzwischen allgemein verbindlich gewordenen Richtlinien für die Gestaltung von Friedhöfen Anwendung finden. Im Vordergrund steht dabei das Bestreben, den Friedhöfen das manchmal in geradezu niederdrückender Weise in Erscheinung tretende Merkmal von Stätten des Todes zu nehmen. Für den neuzeitlichen Friedhof wird auch grundsätzlich der parkartige Charakter gefordert, wird verlangt, daß die Gräberfelder in sich geschlossen sind, daß keine geschmackswidrigen, wenn auch oftmals teuren, Denkmäler errichtet werden, kurz, daß die gesamte Anlage würdig und gärtnerisch schön, künstlerisch einwandfrei gestaltet wird.«[3] Doch es gab noch weitere – völkische – Gestaltungsgrundsätze. »Der Wert und die gute Wirkung eines Grabmals«, hieß es noch 1927 in den Richtlinien des Reichsausschusses für Friedhof und Denkmal, »werden durch schöne Form, Güte und werkgerechte Bearbeitung des Werkstoffes und Verwendung guter Schriftformen bestimmt. [...] Jeder wetterbeständige Werkstoff ist zur Herstellung von Grabmalen geeignet.«[4] Zehn Jahre später stellte derselbe (Mit-)Verantwortliche, der ›Märzgefallene‹[5] Waldo Wenzel (NSDAP-Mitglied seit 1.5.1933), im Vorwort zur neuen Musterfriedhofsordnung fest: »Der bisher vielfach eigennützig geführte Kampf der Anschauungen, welcher Werkstoff für das Grabmal des deutschen Menschen der würdigste ist, ist eindeutig vom künstlerischen und völkischen Standpunkt für den deutschen Naturstein entschieden.«[6]

Schon kurz nach Kriegsausbruch, im Oktober 1939, bestimmte der Kommandant von Berlin: »Durch das Oberkommando der Wehrmacht ist angeordnet worden, daß auf dem neuen Standortfriedhof an der Lilienthalstraße ein Ehrenhain für die Toten dieses Krieges angelegt wird. Die notwendigen Arbeiten werden so gefördert, daß in der nächsten Zeit mit den Bestattungen auf diesem Friedhof begonnen werden kann. Eine entsprechende Bekanntmachung wird demnächst durch die Kommandantur an den Standort Groß-Berlin erlassen werden. Städtisches Friedhofsgelände wird daher nur insoweit in Anspruch genommen werden, wenn die Angehörigen der Verstorbenen in einzelnen Fällen solches ausdrücklich wünschen.«[7] Es sollte noch mehr als ein halbes Jahr dauern, bis die Kommandantur ankündigte: »Die Beisetzung des bereits in Königsberg mit militärischen Ehren bestatteten und nach Berlin überführten Hauptmanns und Staffelkapitäns einer Zerstörerstaffel, Fritz Schleif, findet am Freitag, den 10. Mai 1940 um 16 Uhr auf dem

[3] *Neuköllner Tageblatt*, Nr. 280, 24. November 1940, S. 13

[4] Stephan Hirzel (Hg.), Grab und Friedhof der Gegenwart, München 1927, S. 129f.

[5] Die nach der Reichstagswahl vom 5. März 1933 massenhaft in die NSDAP Eintretenden wurden spöttisch und abwertend so bezeichnet.

[6] Kunstdienst (Hg.), Friedhof und Grabmal, Berlin 1937, S. 4; zu Waldo Wenzel: Gerold Eppler, Waldo Wenzel – Leben und Werk, in: Reiner Sörries (Hg.), Vom Reichsausschuss zur Arbeitsgemeinschaft Friedhof und Denkmal, Kassel 2002, S. 133-147

[7] Brief des Kommandanten an den Oberbürgermeister / Hauptplanungsamt (OB / HPA), 25. Oktober 1939, LAB, A Rep. 009, Nr. 32346, Bl. 14

Das erste Grab des Friedhofs im heutigen Zustand (2007).

Ehrenfriedhof innerhalb des neuen Standortfriedhofs an der Lilienthalstraße statt. Anschließend wird die Einweihung des neuen Standortfriedhofs durch den Herrn Ev. Feldbischof der Wehrmacht vorgenommen werden.«[8] Bis zum Juli 1940 wurden etwa 35 Wehrmachtsangehörige dort bestattet. »Aus dem beigefügten Erlaß des Oberkommandos der Wehrmacht [...] ist ersichtlich«, so ein weiterer Brief, »daß ein Zwang oder Druck auf die Angehörigen hinsichtlich der Wahl der Grabstätte nicht in Frage kommt; sie sollen aber bei Beisetzungen und Überführungen auf diese gemeinsame Begräbnisstätte hingewiesen werden mit dem Bemerken, daß auf Standortfriedhöfen die Grabstätten und ihre Unterhaltung von der Wehrmacht kostenlos gestellt werden.«[9]

Einen Leichentourismus allerdings versuchte man zu verhindern. »Bei Beginn des Feldzuges gegen Polen hat das Oberkommando der Wehrmacht für das ehemals polnische Staatsgebiet ein Verbot der Überführung gefallener und verstorbener Wehrmachtsangehöriger in die Heimat ausgesprochen«, machte das Reichsministerium des Innern in einem vertraulichen Schnellbrief an den Oberbürgermeister deutlich. »Für das Überführungsverbot waren insbesondere militärische und technische Gründe maßgebend wie z.B. die Inan-

[8] Bekanntmachung der Kommandantur Berlin, u.a. an den OB / HPA, 6. Mai 1940, LAB, A Rep. 009, Nr. 32346, Bl. 26

[9] Brief der Kommandantur Berlin an den OB / HPA, 13. Juli 1940, LAB, A Rep. 009, Nr. 32346, Bl. 38

spruchnahme aller verfügbaren Transportmittel sowie der Betriebsstoffe für militärische und kriegswichtige wirtschaftliche Zwecke. Das Oberkommando der Wehrmacht hat nun dieses Überführungsverbot mit sofortiger Wirkung auf alle Operationsgebiete ausgedehnt. Ich bitte, allen Landräten, Polizei- und Gemeindebehörden von diesem Verbot umgehend Kenntnis zu geben und sie anzuweisen, Leichentransporte gefallener und verstorbener Wehrmachtsangehöriger aus den Operationsgebieten und die Einfahrt von Leichenwagen mit leeren Särgen nicht zu- oder durchzulassen, geschweige denn zu fördern. Von einer Veröffentlichung dieser Anordnung ist abzusehen.«[10] Dennoch berichtete der *Berliner Lokal-Anzeiger* eineinhalb Monate später: »Ueberführungen in die Heimat sind nicht gestattet. Es wird darauf hingewiesen, daß es egoistisch und auf keinen Fall nationalsozialistisch wäre, wenn der Begüterte seinen Toten nach Hause überführen lassen wollte. Unter den Toten, ob Offizier, ob Mann, würde, wenn sie noch lebten, nur ein Standpunkt gelten: Sie alle wollen gemeinsam ausruhen nach dem Kampfe, so wie sie ausgerückt sind und angegriffen haben, ausgerichtet in Reih und Glied. Der deutsche Soldat, der für Deutschlands Größe und Zukunft gefallen ist, soll in der durch sein Blut geweihten Erde ruhn. Er ruht bei seinen Freunden und Kameraden, mit denen er gekämpft und mit denen er das Höchste, sein Leben, für das Vaterland geopfert hat.«[11] Scheinbar war den Zuwiderhandlungen, wie im Fall des Hauptmanns Fritz Schleif, in diesem Ton nicht beizukommen. Ein Runderlaß Heinrich Himmlers vom Oktober 1941 wurde deutlicher: »Der Führer hat erneut eine Überführung der Leichen gefallener oder verstorbener Männer [...] verboten, ganz gleichgültig, um wen es sich handelt.«[12]

Auch das *Neuköllner Tageblatt* sah davon ab, die Überführung zu erwähnen und da es wohl die früheste Beschreibung des Friedhofs ist, sei sie hier ausführlich zitiert: »Der Besuch des neuen Standortfriedhofes läßt uns erkennen, daß hier in jeder Hinsicht und von Grund auf neues und wertvolles geplant ist. Vom Gardepionierplatz aus die Lilienthalstraße durchschreitend, erreicht man das noch im Bau befindliche Eingangsgebäude des neuen Friedhofes, der im Übrigen noch nicht der Oeffentlichkeit übergeben ist. Seit dem Frühjahr sind dort nur eine Reihe von Soldaten bestattet worden, die in Berliner Lazaretten ihren Verwundungen erlegen sind. Nach seiner Vollendung wird sich das Gebäude, das in Tuffstein auf einem Sockel aus Basaltlava ausgeführt wird, von einem großen Hoheitszeichen gekrönt, in der Achse der Lilienthalstraße dem Besucher präsentieren. Es wird eine Wartehalle enthalten und soll außerdem in seinem Ostflügel die Verwaltung, in seinem Westflügel die Dienstwohnung des Friedhofsaufsehers aufnehmen.

[10] Brief des Reichsministeriums des Innern an den OB / HPA, 14. Juni 1940, LAB, A Rep. 009, Nr. 28636, unpag.

[11] *Berliner Lokal-Anzeiger*, Morgenausgabe, Nr. 181, 31. Juli 1940, S. 5

[12] Ministerial-Blatt des Reichs- u. Preuß. Ministerium. des Innern, Ausgabe A, Nr. 41, 8. Oktober 1941, nach: LAB, A Rep. 009, Nr. 32346, Bl. 63

Eingang zum Friedhof Lilienthalstraße.

Der geräumige Vorplatz wird als Parkplatz gestaltet, und zwar so, daß die wartenden Wagen etwas abseits des Verkehrs stehen und doch schnell wieder verfügbar sein werden. Unmittelbar an dieses Gebäude schließen sich die Stützmauern des großen Aufmarschplatzes an, die gleichfalls in Basaltlava ausgeführt werden. Sie werden nach Ost und West durch Anpflanzung von Koniferen abgegrenzt werden, während der Aufmarschplatz selbst durch Rasenflächen seitlich eingerahmt sein wird. Der Platz umfaßt eine Fläche von etwa 2.400 Quadratmeter und soll bei großen Trauerfeiern benutzt werden, wenn mit dem Aufmarsch größerer Ehrenformationen zu rechnen ist. Bei solchen Gelegenheiten werden die Feiern unter freiem Himmel stattfinden, weswegen inmitten der zur Kapelle emporführenden Freitreppe ein Podest vorgesehen ist, der dann als Katafalk dienen soll. Ueber diese Freitreppe gelangt man in Zukunft zu dem in schlichter Wucht ausgeführten Kapellenbau, für den wie beim Eingangsgebäude Tuffstein verwandt worden ist. Er liegt genau hinter dem Eingangsgebäude und dem Aufmarschplatz, also ebenfalls in der Achse der Lilienthalstraße. Die Kapelle hat eine offene Vorhalle, durch die man in den quadratischen Innenraum gelangt, an dessen Fertigstellung noch gearbeitet wird. Die letzten Entscheidungen über die Gestaltung dieses Raumes sind noch nicht gefallen, so daß Einzelheiten darüber noch nicht gesagt werden können. Sechs freistehende Säulen tragen das Dach. Den Hintergrund wird die Apsis einnehmen, neben der auf der linken Seite der Versammlungsraum für die Angehörigen liegen wird, während rechts die Sakristei vorgesehen ist. Die Kapelle wird auf einer geräumigen Empore, die genügend Platz für einen Chor bietet, auch eine Orgel haben. Zu beiden Seiten der Kapelle sind Ehrenhallen errichtet, die durch Flügelmauern in der Flucht der Stützmauern des Aufmarschplatzes seitlich begrenzt sind. An ihrem Ende werden noch zwei Grufthallen errichtet werden. So beherrscht diese Anlage den nordwestlichen Teil des Friedhofes, an dessen südwestlicher Ecke noch ein Wirtschaftsgebäude entstehen wird. Der Friedhof nimmt eine Fläche von 107.000 Quadratmeter ein, die für insgesamt fünfzehntausend Grabstellen Platz bietet, in denen auch etwa sechshundert Urnenstellen enthalten sein werden, für die an der östlichen Ecke ein besonderes Feld vorgesehen ist. Es ist in seiner gärtnerischen Anlage bereits fertiggestellt. In diesem östlichen Teile des Friedhofes sind auch die Höhenunterschiede des Geländes nicht ausgeglichen. Er ist vielmehr in Terrassenform angelegt. Trockenmauern in Rüdersdorfer Kalkstein, mit kleinen Polsterstauden versehen, verleihen diesem Teil der Anlage ein eigenes Gepräge. Hier ist auch ein geschmackvoller Zierbrunnen eingebaut. Ueber den ganzen Friedhof sind zwei sich kreuzende immergrüne Achsen in Nord-Süd- und Ost-West-Richtung angelegt. Es sind sechs Meter breite Wege mit Rhododendronbepflanzung. Ueberhaupt soll für den Besucher der durchaus parkartige Charakter des Friedhofs in Erscheinung treten. Darum werden auch die Gräberfelder alle mit einer Rahmenpflanzung aus Ziersträuchern, Stauden und Rosen versehen. Jedes Feld umfaßt etwa zweihundertfünfzig bis dreihundert Grabstellen. Alle Hügel werden einheitlich gestaltet sein, um so den Gleichklang in der ganzen Anlage zum Ausdruck zu bringen. Gleichmäßig niedrig gehaltene Hügel und gleichartige Grabmäler werden dem gleichen Zweck dienen. Südlich der Kapelle sind seit dem 10. Mai 1940 einige Gräberfelder als Heldenbestattungsplatz für Kämpfer des gegenwärtigen Krieges in Benutzung genommen worden. Hier ruhen die bereits bestatteten Kämpfer ohne Unterschied des militärischen Ranges unter den Reihen schlichter Hügel, der Oberst neben dem Gefreiten, der Hauptmann neben seinem Schützen, so wie der Ruf zur großen Armee sie erreichte. Diese Gräber erhalten alle völlig gleiche Kreuze und werden nach einheitlichem Gesichtspunkt gepflegt. Der Heldenbestattungsplatz wird mit einer Umpflanzung von Zwergkiefern, Feuerdorn und Poliantharosen umhegt werden. Es ist auch ein besonderes Ehrenmal vorgesehen. Das ganze Friedhofsgelände ist von einer Umfassungsmauer gegen die Umgebung abgegrenzt. Sie wird in Klinkern erbaut und ist zum Teil bereits fertiggestellt. Gegen den Friedhof wird sie durch eine Deckpflanzung von fünf bis sechs Meter Tiefe den Blicken der Besucher entzogen. Zahlreiche bis fünf Meter hohe Fichten sind bereits eingeschlagen und warten darauf, verpflanzt zu werden. Noch läßt sich nur ahnen, wie gewaltig und erhebend die hier im Werden begriffene Weihestätte nach ihrer Fertigstellung wirken wird. Wenn wir aber sehen, mit welcher Sorgfalt das Werk geplant und durchgeführt wurde, wenn wir hören, wie die Anlage nach ihrer Fertigstellung aussehen wird, wenn wir uns vorstellen, wie schön und geschmackvoll die gartentechnische Gestaltung nach Beendigung aller Arbeiten sich dem Besucher darbieten mag, so können wir sagen: Hier ist ein für alle Anlagen dieser Art mustergültiges Werk geschaffen, ein Soldatenfriedhof, würdig derer, die das höchste, was sie hatten, ihr Leben, im Dienste von Volk und Vaterland opferten.«[13]

Der Wehrmachtstraum vom *einen*, totalen Berliner Kriegerfriedhof erfüllte sich aber nicht. Waren auch zuvor viele Angehörige bereit, das Angebot, hier ihre toten Soldaten kostenlos bestatten zu können, auszuschlagen, entfiel dieses Argument ab April 1941, da von nun an die Bestattung Wehrmachtsangehöriger auf *allen* Friedhöfen »mit einer wesentlichen Gebührenfreiheit verknüpft« war, wie der Neuköllner Bezirksbürgermeister bemängelte. *Ihm* dämmerte »die Gefahr eines unvorhergesehenen Verschleisses der vorhandenen Wahlstellen«[14], vielen anderen hingegen wurde mit dem Beginn der Bombardierung Berlins allmählich Untergang oder Befreiung gewahr. »Der Führer und Oberste Befehlshaber der Wehrmacht«, so eine Anordnung des Oberkommandos, »hat folgende grundsätzlichen Entscheidungen über die

[13] *Neuköllner Tageblatt*, Nr. 280, 24. November 1940, S. 13
[14] Brief an den Oberbürgermeister, 2. August 1941, LAB, A Rep. 009, Nr. 32346, Bl. 62b

Aufnahme des Friedhofs von 1942.

Beisetzung von Kriegsopfern aus der Zivilbevölkerung auf Kriegerfriedhöfen usw. getroffen: [...] Opfer von Luftangriffen in der Zivilbevölkerung sollen, falls es die Angehörigen wünschen, auf Krieger- (Ehren-) Friedhöfen beigesetzt werden. Da die Opfer von Luftangriffen ebenso wie die Soldaten an der Front für Deutschlands Größe gefallen sind, sollen ihre Grabdenkmäler auch mit dem Eisernen Kreuz geschmückt werden. Ein Unterschied in der Behandlung der Opfer von Luftangriffen aus der Zivilbevölkerung gegenüber den im Luftschutz eingesetzten Personen ist nicht zu machen [...] – mit Ausnahme von Personen jüdischer Rasse und solchen polnischen Volkstums –, falls die Hinterbliebenen die Beisetzung auf Krieger- (Ehren-) Friedhöfen wünschen.«[15]

Szenenwechsel: Am 30. März 1941 schwor Hitler in Berlin etwa 250 »ganz normale Generäle«[16] auf sein ›Unternehmen Barbarossa‹ ein. »11.00 Uhr Generals-Versammlung beim Führer«, notierte Generaloberst Franz Halder militärisch knapp. »Fast 2½ stündige Ansprache: [...] *Kampf zweier Weltanschauungen* gegeneinander. Vernichtendes Urteil über Bolschewismus, ist gleich asoziales Verbrechertum. Kommunismus ungeheure Gefahr für die Zukunft. Wir müssen von dem Standpunkt des soldatischen Kameradentums abrücken. Der Kommunist ist vorher kein Kamerad und nachher kein Kamerad. Es handelt sich um einen Vernichtungskampf. Wenn wir es nicht so auffassen, dann werden wir zwar den Feind schlagen, aber in 30 Jahren wird uns wieder der kommunistische Feind gegenüberstehen. Wir führen nicht Krieg, um den Feind zu konservieren. [...] Der Kampf muß geführt werden gegen das Gift der Zersetzung. Das ist keine Frage der Kriegsgerichte. [...] Der Kampf wird sich sehr unterscheiden vom Kampf im Westen. Im Osten ist Härte mild für die Zukunft.«[17] »Der Soldat ist im Ostraum nicht nur ein Kämpfer nach den Regeln der Kriegskunst«, unterstrich ein Befehl des Generalfeldmarschalls Walter von Reichenau vom 10. Oktober 1941, »sondern auch Träger einer unerbittlichen völkischen Idee und der Rächer für alle Bestialitäten, die deutschem und artverwandtem Volkstum zugefügt wurden. Deshalb muß der Soldat für die Notwendigkeit der harten, aber gerechten Sühne am jüdischen Untermenschentum volles Verständnis haben.«[18] »Durch Hunger und Seuchen«, so der Historiker Ulrich Herbert, »begann schon wenige Wochen nach Beginn des Krieges gegen die Sowjetunion ein Massensterben der sowjetischen Gefangenen: 60% der bis Ende des Jahres 1941 in deutsche Gefangenschaft geratenen 3.350.000 sowjetischen Gefangenen kamen ums

[15] Reichsverfügungsblatt, Ausgabe C, München, 13. Oktober 1941, 47 / 41, nach: LAB, A Rep. 009, Nr 32346, Bl. 68

[16] Wolfram Wette, Die Wehrmacht, Frankfurt am Main 2002, S. 96
Wette sagt, daß diesem Ereignis eine Schlüsselrolle zukommt, »da es den endgültigen Schulterschluss zwischen Hitler und der Wehrmacht-Generalität markierte.« ebenda, S. 95

[17] Generaloberst Halder, Kriegstagebuch, Band II, Stuttgart 1963, S. 335ff.

[18] Kurt Pätzold (Hg.), Verfolgung – Vertreibung – Vernichtung – Dokumente des faschistischen Antisemitismus 1933 bis 1942, Leipzig 1983, S. 310

Leben, 1,4 Millionen von ihnen bereits vor Anfang September 1941.«[19] »Ein Interesse an der Erhaltung des Lebens dieser Gefangenen zur Ausbeutung ihrer Arbeitskraft in der deutschen Wirtschaft«, ergänzt der Historiker Christian Streit, »bestand zu *diesem* Zeitpunkt nicht.«[20] »Wir haben damals die Masse Mensch nicht so gewertet«, bedauerte Himmler im Oktober 1943 bei der SS-Gruppenführertagung in Posen, »wie wir sie heute als Rohstoff, als Arbeitskraft werten.« Und weiter: »Es ist grundfalsch, wenn wir unsere ganze harmlose Seele mit Gemüt, wenn wir unsere Gutmütigkeit, unseren Idealismus in fremde Völker hineintragen. [...] Ein Grundsatz muß für den SS-Mann absolut gelten: ehrlich, anständig, treu und kameradschaftlich haben wir zu Angehörigen unseres eigenen Blutes zu sein und zu sonst niemandem. Wie es den Russen geht, wie es den Tschechen geht, ist mir total gleichgültig. Das, was in den Völkern an gutem Blut unserer Art vorhanden ist, werden wir uns holen, indem wir ihnen, wenn notwendig, die Kinder rauben und sie bei uns großziehen. Ob die anderen Völker in Wohlstand leben oder ob sie verrecken vor Hunger, das interessiert mich nur soweit, als wir sie als Sklaven für unsere Kultur brauchen, anders interessiert mich das nicht. Ob bei dem Bau eines Panzergrabens 10.000 russische Weiber an Entkräftung umfallen oder nicht, interessiert mich nur insoweit, als der Panzergraben für Deutschland fertig wird. Wir werden niemals roh und herzlos sein, wo es nicht sein muss; das ist klar. Wir Deutsche, die wir als einzige auf der Welt eine anständige Einstellung zum Tier haben, werden ja auch zu diesen Menschentieren eine anständige Einstellung einnehmen, aber es ist ein Verbrechen gegen unser eigenes Blut, uns um sie Sorge zu machen und ihnen Ideale zu bringen, damit unsere Söhne und Enkel es noch schwerer haben mit ihnen.«[21] Eines dieser *Menschentiere* ist Wasyl Timofejewitsch Kudrenko, der 1943, mit 16 Jahren, aus seiner ukrainischen Heimat deportiert wurde, um auf Initiative der Berliner evangelischen Kirche als *Sklave für unsere Kultur* – das christliche Abendland – auf Friedhöfen Gräber auszuheben.[22] Sein Zwangsarbeiterlager befand sich auf dem protestantischen Friedhof der Jerusalems- und Neuen Kirchengemeinde an der Neuköllner Hermannstraße. »Jede Nacht«, erinnert er sich, »hatten wir in Berlin keine Ruhe wegen der ›Tommy-Moskitos‹,

[19] Ulrich Herbert, Geschichte der Ausländerpolitik in Deutschland, München 2001, S. 136

[20] Christian Streit, Keine Kameraden – Die Wehrmacht und die sowjetischen Kriegsgefangenen 1941-1945, Stuttgart 1978, S. 79

[21] Der Prozess gegen die Hauptkriegsverbrecher vor dem Internationalen Militärgerichtshof Nürnberg, Band 29, Urkunden und anderes Beweismaterial, Dokument 1919-PS, Nürnberg 1948, S.112 und 122f.

[22] »Die Initiative kommt von der ›Jerusalems und Neuen Kirchengemeinde‹, bzw. von ihrem Finanzbevollmächtigten [Walter] Kinkel, der in einem Rundschreiben am 6. Mai 1942 mitteilt, daß ›sich 11 Kirchengemeinden entschlossen, ausländische Arbeitskräfte anzunehmen und diese in Stärke von 80 Mann angefordert (haben).‹ [...] Bis zum 10. Juni 1942 melden insgesamt 21 evangelische und 3 katholische Kirchengemeinden in Berlin ihren ›Arbeiterbedarf‹ (Anzahl: 141) für 37 evangelische und 6 katholische Friedhöfe an.« Marlis Kaltenbacher, Ein Rädchen im Getriebe, Berlin 1995, S. 39

Flugzeuge mit hoher Geschwindigkeit. Nach der schweren Arbeit fanden wir keinen Schlaf. Sie terrorisierten uns. Die schweren Bomben fielen auf den Friedhof und schleuderten die zuvor Begrabenen wieder empor. [...] Na ja, es gab solche großen Bomben. Und wir haben nun begraben und dann wurde alles wieder hochgerissen: Leichenteile, Eingeweide – alles auf den Baum – schrecklich! [...] Das war ein Horror. Wir ›Ostarbeiter‹ legten sie in die Gräber zurück. Aber nicht jeder konnte das ertragen.«[23] Ganz zu schweigen von den weiteren Umständen. »Trotz der den Ostarbeitern offiziell zustehenden Rationen ist einwandfrei festgestellt worden«, berichtete ein Beamter des Auswärtigen Amtes, der auf eigene Faust im Sommer 1943 einige Ostarbeiterlager in Berlin besuchte, »daß die Ernährung in den Lagern folgendermaßen aussieht: Morgens einen halben Liter Kohlrübensuppe. Mittags im Betrieb, einen Liter Kohlrübensuppe. Abends einen Liter Kohlrübensuppe. Zusätzlich erhält der Ostarbeiter 300 g Brot täglich. Hinzu kommen wöchentlich 50 bis 75 g Margarine, 25 g Fleisch oder Fleischwaren, die je nach der Willkür der Lagerführer verteilt oder vorenthalten werden. [...] Große Mengen von Lebensmitteln werden verschoben. Diese den Ostarbeitern bestimmten Lebensmittel werden von den anderen ausländischen Arbeitern aufgekauft und an die Ostarbeiter für Wucherpreise verkauft. [...] Es sei hier noch erwähnt, daß der größte Teil der Arbeiterinnen die Entbindung mehr fürchtet als den Tod. So mußte ich selbst sehen, wie Ostarbeiterinnen auf Betten ohne Matratze auf den Stahlfedern lagen und in diesem Zustand entbinden mußten. [...] Die größte Geißel der Lager aber bildet die Tuberkulose, die sich auch unter den Minderjährigen sehr stark ausbreitet. Im Rahmen der sanitären und gesundheitlichen Lage, in der sich die Ostarbeiter befinden, muß unterstrichen werden, daß es den deutschen und russischen Ärzten von den Betriebskrankenkassen verboten wird, irgendwelche Medikamente den Ostarbeitern zu verabfolgen. Die an Tuberkulose Erkrankten werden nicht einmal isoliert. Die Erkrankten werden mit Schlägen gezwungen, ihrer Arbeit nachzugehen, weil die Lagerbehörden die Zuständigkeit der behandelnden Ärzte anzweifeln. Es entzieht sich meiner Kenntnis, aus welchen Gründen die deutschen Stellen eine große Anzahl Kinder aus den besetzten Ostgebieten nach Deutschland ›importieren‹. Es steht jedoch fest, daß sich zahlreiche Kinder von 4 bis 15 Jahren in den Lagern befinden, und daß diese Kinder für deutsche Kriegsziele wertlos sind, ist offensichtlich. Die Ernährungslage, der gesundheitliche Zustand und die materielle Not tragen sicherlich nicht dazu bei, die ›Moral‹ des Ostarbeiters zu stärken. Er befindet sich in einer allgemeinen Apathie, in der er vom Leben nichts mehr erhofft. So werden z.B. Frauen mit genagelten Brettern ins Gesicht geschlagen. Männer und Frauen werden wegen des leichtesten Vergehens nach Ablage der Oberkleidung im Winter

[23] Erich Schuppan (Hg.), Sklave in euren Händen – Zwangsarbeit in Kirche und Diakonie Berlin-Brandenburg, Berlin 2003, S. 324

in betonierte kalte Kerker gesperrt und ohne Essen gelassen. Aus ›hygienischen‹ Rücksichten werden Ostarbeiter im Winter auf dem Hof des Lagers aus Schläuchen mit kaltem Wasser begossen. Hungrige Ostarbeiter werden wegen einiger gestohlener Kartoffeln vor den versammelten Lagerinsassen auf die unmenschlichste Art und Weise hingerichtet.«[24]

»Ich will hier vor Ihnen in aller Offenheit auch ein ganz schweres Kapitel erwähnen«, so noch einmal Himmler zu seinen SS-Gruppenführern. »Ich meine jetzt die Judenevakuierung, die Ausrottung des jüdischen Volkes. Es gehört zu den Dingen, die man leicht ausspricht. – ›Das jüdische Volk wird ausgerottet‹, sagt ein jeder Parteigenosse, ›ganz klar, steht in unserem Programm, Ausschaltung der Juden, Ausrottung, machen wir.‹ Und dann kommen sie alle an, die braven 80 Millionen Deutschen, und jeder hat seinen anständigen Juden. Es ist ja klar, die anderen sind Schweine, aber dieser eine ist ein prima Jude. Von allen, die so reden, hat keiner zugesehen, keiner hat es durchgestanden. Von Euch werden die meisten wissen, was es heisst, wenn 100 Leichen beisammen liegen, wenn 500 daliegen oder wenn 1000 daliegen. Dies durchgehalten zu haben, und dabei – abgesehen von Ausnahmen menschlicher Schwächen – anständig geblieben zu sein, das hat uns hart gemacht. Dies ist ein niemals geschriebenes und niemals zu schreibendes Ruhmesblatt unserer Geschichte, denn wir wissen, wie schwer wir uns täten, wenn wir heute noch in jeder Stadt – bei den Bombenangriffen, bei den Lasten und bei den Entbehrungen des Krieges – noch die Juden als Geheimsaboteure, Agitatoren und Hetzer hätten. [...] Wir werden diejenigen sein, die auch im 5. und 6. Kriegsjahr mit guter Stimmung, nicht mit Leichenbittermiene, mit Humor, mit Willen und Auftrieb immer wieder antreten, wann die Gelegenheit zum Antreten gegeben ist. Wenn wir das tun, dann werden viele sich ein Beispiel an uns nehmen und werden auch stehen. Wir müssen letzten Endes den Willen haben und wir haben ihn, denjenigen, der an irgendeiner Stelle nicht mehr mittun will in Deutschland, – das könnte bei einer Belastung einmal eintreten – kühl und nüchtern umzubringen. Lieber stellen wir so und so viele an die Wand, als dass an irgend einer Stelle ein Bruch entsteht. Wenn wir seelisch, willensmäßig und geistig in Ordnung sind, dann werden wir diesen Krieg nach den Gesetzen der Geschichte und der Natur gewinnen, weil wir die höheren menschlichen Werte, die höheren und kräftigeren Werte in der Natur verkörpern.«[25]

Man kapituliert angesichts der unfaßbaren Anständigkeit Himmlers. *Seelisch, willensmäßig und geistig in Ordnung* –; während alles in Scherben fiel, registrierte eine gedanken- und besinnungslos funktionierende Bürokratie nur nebenbei den Untergang. »Der Hauptring Steine und Erden beim Reichsminister für Rüstung und Kriegsproduktion hat die Anfertigung von Grabzeichen

[24] nach: Herbert, Geschichte, S. 159

[25] Prozess, Dok. 1919-PS, S.145f. und 170

aus Stein schlechthin verboten. [...] Auch im Holzgewerbe ist die Arbeits- und Materiallage so gespannt, daß als Ersatz von Erinnerungssteinen die Beschaffung von Erinnerungsmalen aus Holz nicht verantwortet werden kann.«[26] »Von den Hinterbliebenen gefallener oder verstorbener deutscher Soldaten sind bei der Wehrmachtkommandantur wiederholt Klagen darüber eingegangen, daß ihre Kriegsgräber längere Zeit nach der Beerdigung nicht mit einem Namen- oder Nummernschild versehen sind, in einzelnen Fällen auch keinen Grabhügel erhalten haben, sodaß die Ruhestätte ihrer Angehörigen auch mit Hilfe der Friedhofsverwaltung nicht festzustellen war. Derartige unwürdige Zustände sind unhaltbar. [...] Die Wehrmachtkommandantur verkennt durchaus nicht die Schwierigkeiten, die durch die gespannte Lage in Material und Personal auch bei der Grabpflege eintreten und in der Folgezeit sich wohl noch vermehren werden. Dennoch muß in jedem Falle *von den Friedhofsverwaltungen unbedingt verlangt werden, daß jede Grabstelle gleich nach der Beerdigung wenigstens mit einem Holzstab versehen wird, auf dem die Nummer des Grabes so deutlich und haltbar angebracht wird, daß sie auch durch Witterungseinflüsse nicht vernichtet werden kann.*«[27] Und der Oberbürgermeister stellte zähneknirschend fest: »Wie beobachtet worden ist, sind die Hinterbliebenen von Verstorbenen nunmehr dazu übergegangen, die Grabstellen durch Anbringung von Holzkreuzen, Namensschildern usw. kenntlich zu machen. Für die Dauer des Krieges wird diese wenn auch meistens eigenmächtige Handlungsweise der Hinterbliebenen stillschweigend geduldet werden müssen. Behelfsmässige Kennzeichen, die jedoch das Friedhofsbild stören, sind nach wie vor zu entfernen. Aufgestellte Holzkreuze dürfen nicht höher als 0,5 m sein. Sie sind für die Dauer des Krieges auch auf Familienstellen in Gemeinschafts-Grabfeldern, für die nur die liegende Grabplatte vorgeschrieben ist, zu dulden. Die Hinterbliebenen sind jedoch in geeigneter Weise darauf hinzuweisen, dass derartige Kennzeichen spätestens nach Beendigung des Krieges oder zu einem von der Friedhofsverwaltung noch zu bestimmenden Zeitpunkt wieder entfernt werden müssen. Von der Erhebung von Gebühren für die Aufstellung der behelfsmässigen Erinnerungszeichen kann abgesehen werden.«[28]

Der dänische Journalist Jacob Kronika zeichnete ein von *behelfsmässigen Kennzeichen* ungestörtes Bild des Friedhofs Wilmersdorf und sah, daß hier nicht nur *Witterungseinflüsse vernichtend* wirkten: »Auch die Ruhestätte der Toten hat keinen Frieden vor den Bomben. Die Urnenhallen haben schwere Treffer erhalten. Es macht einen unheimlichen Eindruck, vor einem abgesperrten Teil einer solchen Halle zu stehen, wo die Mauern geborsten

[26] Verlautbarung des Oberkommandos der Wehrmacht, 29. November 1944, LAB, A Rep. 009, Nr. 31450, Bl. 61

[27] Wehrmachtkommandantur Berlin / Wehrmachtgräberoffizier an u.a. den OB / HPA, 22. Dezember 1944, LAB, A Rep. 009, Nr. 31450, unpag.

[28] OB / HPA an den Bezirksbürgermeister des Verwaltungsbezirks, 16. Januar 1945, LAB, A Rep. 009, Nr. 28636, unpag.

sind, und wo die Reste der ›heimatlosen‹ Urnen zu einem traurigen Haufen auf zerrissenen Fliesen zusammengetragen wurden. Auch der Friedhof ist getroffen. Die Grabsteine liegen umgestürzt und zerbrochen übereinander. Nackte Baumstämme ragen aus der Erde. Von der Kapelle des Friedhofes stehen nur noch die Außenmauern. [...] Es gibt hier Grabsteine mit bekannten Namen aus deutscher Vergangenheit. Einige sind mit Adelswappen geziert. Einige der Steine tragen militärische Symbole; einen Säbel, einen Helm. Und immer wieder erinnern die Inschriften an einen Sohn, an einen Ehegatten, an einen Bruder, die in den Kriegsjahren 1914/18 an den Fronten fielen. Dazu sind nun neue Namen gekommen: die Opfer *dieses* Krieges. ›Stalingrad‹ lese ich auf einem der Grabsteine. Opfer über Opfer! Wie lange soll der Krieg sein furchtbares Regiment noch ausüben?!«[29] Der Weg bis zur bedingungslosen Kapitulation war nicht mehr weit. Berlins Bürokraten gaben sich aber nach wie vor *seelisch, willensmäßig und geistig in Ordnung.* Am 18. Januar 1945 fand eine vertrauliche Besprechung der »leitenden Gartenbeamten der Reichshauptstadt« »unter dem Vorsitz des Beigeordneten für das Berliner Gartenwesen, Bürgermeister Plath«, statt. »Auf der Tagesordnung standen folgende Punkte: 1. Anzucht von Tarnungspflanzen. 2. Gärtnerische Erzeugungsschlacht im 6. Kriegsjahr. 3. Erfassung des Holzes an Strassen, Gewässern und in Parks.« »Das bekanntgegebene Tarnungsprogramm«, so das Protokoll der Sitzung, »ist als Geheimsache anzusehen und daher auch als solche zu behandeln. Der Gau Kurmark einschl. Berlin hat 5.000.000 Weiden bis zum Herbst d.J. pflanzfertig zu liefern. Der Gau Berlin hat eine Fläche von 30 Morgen für diese Anzucht zur Verfügung zu stellen, von denen die Stadt Berlin mindestens 10 Morgen bereitzustellen hat. Auf jeden Morgen entfallen 25.000 Steckgehölze, die in Reihenabständen von 0,50 m und in den Reihen mit 0,20 m Abstand zu stecken sind. Die Stecklinge müssen 0,30 m lang sein. [...] Zur reibungslosen Durchführung der Berliner Weidenzucht wurde ein Ausschuss [...] gebildet. Im Interesse der Landesverteidigung kommt der fristgemässen Durchführung der Anzucht von Tarnungspflanzen ausserordentliche Bedeutung zu und muss daher in jeder Weise weitestgehend gefördert werden. [...] In einer Besprechung zwischen Reichsminister Dr. Goebbels und dem Gaubauernführer von Berlin, Dr. Debus«, hieß es zu Tagesordnungspunkt zwei, der *gärtnerischen Erzeugungsschlacht im 6. Kriegsjahr*, »hat der Gauleiter von Berlin die Forderung erhoben, dass der Gau Berlin die Ernährung der Berliner Bevölkerung mit Rücksicht auf die Gesamternährungslage selbst sicherstellen müsse. Daraus ergibt sich die zwingende Notwendigkeit, mindestens 85 v.H. aller verfügbaren Flächen mit Gemüse anzubauen.« Es folgen Ausführungen zur Verfügbarkeit von Düngern, Stickstoff, Kali, Kalk, Kuhdünger, Stallmist, Treibstoff, Saatgut, Glas- und Frühbeetfenstern, Stroh-

[29] Jacob Kronika, Der Untergang Berlins [Tagebucheintrag vom 11. März 1945], Flensburg, Hamburg 1946, S. 53f.

decken, Saatkartoffeln und Schädlingsbekämpfungsmitteln, ehe man nach der kurzen Anmerkung zum letzten Punkt ohne weiteren Kommentar endete: »Zum Schluss gab Stadtoberinspektor Lehmann noch einen Geheimerlass über die Beisetzung von Hingerichteten bekannt.«[30]

Dies durchgehalten zu haben, und dabei – abgesehen von Ausnahmen menschlicher Schwächen – anständig geblieben zu sein, das hat uns hart gemacht. Dies ist ein niemals geschriebenes und niemals zu schreibendes Ruhmesblatt unserer Geschichte.

27. Februar 1945: »Der Fachreferent für das Hauptbestattungsamt, Direktor Harbauer, umriss die Ursachen, die eine Neuorganisation des Berliner Bestattungswesens notwendig machen. Seit dem Terrorangriff am 3. 2. muss leider ein Versagen des privaten Bestattungswesens festgestellt werden. Insbesondere fehlen Särge und Treibstoff. Es ist Vorsorge getroffen, dass bis zur nächsten Woche von dem Tischlerhandwerk rund 1500 Särge (nach neueren Feststellungen nur noch etwa 300 Särge) hergestellt werden. Die Fabrikation soll dann laufend weitergehen. Für die normalen Todesfälle werden monatlich rund 5000 Särge gebraucht, dazu kommen die Katastrophenfälle, deren Umfang naturgemäss nicht vorausgesagt werden kann. Das Hauptbestattungsamt wird daher vorsorglich Papiersäcke beschaffen.« Es »soll, soweit möglich, die Pietät gewahrt werden. Falls die Unterkunftsräume nicht ausreichen, müssen die Toten zunächst im Freien aufgebahrt werden. Dies muss selbstverständlich unter Ausschluss der Öffentlichkeit geschehen. Empfohlen wird das Absperren der Friedhöfe.« Im einzelnen sei wie folgt zu verfahren: Bei Katastrophenfällen übernähmen die Polizeireviere »nach wie vor die Bergung und Feststellung der Toten im Einvernehmen mit der Kriminalpolizei und veranlassen die Überführung zur Leichensammelstelle, die möglichst identisch mit der Beisetzungsstätte sein soll. Die Beauftragten der Bestattungsämter müssen sich im Interesse der ordnungsmässigen Abwicklung um alles kümmern. Die Kriminalpolizei stellt Listen mit Angaben über die Toten in doppelter Ausfertigung auf und reicht eine Liste dem örtlichen Bestattungsamt und eine Liste dem Hauptbestattungsamt ein. Die Bestattung hat auf dem für den Bezirk bestimmten Friedhof zu erfolgen. Es finden grundsätzlich nur Erdbestattungen statt. Anstelle der Einzelfeiern finden grundsätzlich Gemeinschaftsfeiern im Einvernehmen mit der Kreisleitung statt. Dabei wird ein weltlicher Redner sprechen. Soweit von den Angehörigen die Beteiligung von Geistlichen gewünscht wird, können diese im Anschluss an die Gemeinschaftsfeier sprechen. Sonstige Sonderwünsche sind nur in besonderen Ausnahmefällen zu berücksichtigen. Tote einer Hausgemeinschaft werden in Gemeinsschaftsgräbern beigesetzt. Leichenteile sind im Einvernehmen mit der Kriminalpolizei sofort zu sammeln und erdzubestat-

[30] Vertrauliche Niederschrift des Bürgermeisters über die Besprechung mit den leitenden Gartenbeamten, 18. Januar 1945, LAB, A Rep. 009, Nr. 31449, unpag.

ten.« Bei ›normalen‹ Sterbefällen – und das Protokoll nutzt dieses unbrauchbare Wörtchen selbstverständlich ohne Anführungsstriche – verhielt es sich ungleich komplizierter: »Die Hinterbliebenen gehen zunächst mit dem vom Arzt ausgestellten Totenschein zum zuständigen Polizeirevier. Dann ist der Totenschein beim zuständigen Standesamt zur Beurkundung des Sterbefalles vorzulegen. Dort wird den Angehörigen das Büro des Bestattungsamtes der örtlichen Bezirksverwaltung mitgeteilt. Massgebend ist das Bestattungsamt, in dessen Bezirk der Todesfall eingetreten ist. Das Bestattungsamt bestimmt den Bestattungsort und weist eine Bestattungsfirma nach, die den Sarg liefert und die Einsargung sowie die Abholung der Leiche veranlasst. Für die Zuweisung des Friedhofs und des Bestatters wird ein Einheitsvordruck vom Hauptbestattungsamt sofort in Druck gegeben. Die Sarglenkung geschieht bis auf weiteres weiter durch das Landeswirtschaftsamt. Das Hauptbestattungsamt wird laufend darüber Auskunft geben, welche Bestatter Särge liefern können. Den Bestattungsämtern wird in Kürze ein Verzeichnis der in Frage kommenden Bestatter zugehen.«[31]

Wir werden diejenigen sein, die auch im 5. und 6. Kriegsjahr mit guter Stimmung, nicht mit Leichenbittermiene, mit Humor, mit Willen und Auftrieb immer wieder antreten, wann die Gelegenheit zum Antreten gegeben ist.

»Seit Mitternacht schweigen nun an allen Fronten die Waffen«, endete der letzte Wehrmachtsbericht vom 9. Mai 1945. »Auf Befehl des Großadmirals hat die Wehrmacht den aussichtslos gewordenen Kampf eingestellt. Damit ist das fast sechsjährige, heldenhafte Ringen zu Ende. Es hat uns große Siege, aber auch schwere Niederlagen gebracht. Die deutsche Wehrmacht ist am Ende einer gewaltigen Übermacht ehrenvoll unterlegen. Der deutsche Soldat hat, getreu seinem Eid, im höchsten Einsatz für sein Volk für immer Unvergeßliches geleistet. Die Heimat hat ihn bis zuletzt mit allen Kräften unter schwersten Opfern unterstützt. Die einmalige Leistung von Front und Heimat wird in einem späteren gerechten Urteil der Geschichte ihre endgültige Würdigung finden. Den Leistungen und Opfern der deutschen Soldaten zu Lande, zu Wasser und in der Luft wird auch der Gegner die Achtung nicht versagen. Jeder Soldat kann deshalb die Waffe aufrecht und stolz aus der Hand legen und in den schwersten Stunden unserer Geschichte tapfer und zuversichtlich an die Arbeit gehen für das ewige Leben unserer Volkes. Die Wehrmacht gedenkt in dieser schweren Stunde ihrer vor dem Feind gebliebenen Kameraden. Die Toten verpflichten zu bedingungsloser Treue, zu Gehorsam und Disziplin gegenüber dem aus zahllosen Wunden blutenden Vaterland.«[32]

---

[31] Niederschrift des Bürgermeisters über die Besprechung mit den Vertretern der Bezirksverwaltungen, 27. Februar 1945, LAB, A Rep. 009, Nr. 28636, unpag.

[32] Percy Ernst Schramm (Hg.), Die Niederlage 1945 – Aus dem Kriegstagebuch des Oberkommandos der Wehrmacht, München 1962, S.404

VII. Nachkrieg

1. Standortfriedhof Lilienthalstraße

»Das Zeitalter der ›Aufklärung‹«, so Eugen Kogon kurz nach dem Untergang des Dritten Reichs, »das heißt des optimistischen Glaubens an unbeschränkten Fortschritt durch Vernunft, ist außerhalb der Wissenschaft in Europa so gut wie total gescheitert. Entfesselte Willenskräfte, von Mythen und Interessen getrieben, haben es liquidiert.«[1]

Militarismus und ›Gefallenen‹-Kult waren gründlich diskreditiert und die Direktive Nr. 30 des alliierten Kontrollrats vom Mai 1946 tat ein Übriges: »Von dem Zeitpunkt des Inkrafttretens dieser Direktive an ist untersagt und als gesetzwidrig erklärt die Planung, der Entwurf, die Errichtung, die Aufstellung und der Anschlag oder die sonstige Zurschaustellung von Gedenksteinen, Denkmälern, Plakaten, Statuen, Bauwerken, Straßen- oder Landstraßenschildern, Wahrzeichen, Gedenktafeln oder Abzeichen, die darauf abzielen, die deutsche militärische Tradition zu bewahren und lebendig zu erhalten, den Militarismus wachzurufen oder die Erinnerung an die nationalsozialistische Partei aufrechtzuerhalten, oder ihrem Wesen nach in der Verherrlichung von kriegerischen Ereignissen bestehen.« Diese genannten Symbole waren »vollständig zu zerstören und zu beseitigen.« Dem Gebot nicht unterworfen waren »Gedenksteine, die lediglich zum Andenken an verstorbene Angehörige regulärer militärischer Einheiten errichtet worden sind, mit Ausnahme paramilitärischer Verbände der SS und Waffen-SS« und »Einzelgrabsteine, die bereits bestehen oder in Zukunft aufgestellt werden, unter der Voraussetzung, daß die Architektur, die Ausschmückung oder die Inschriften der [...] Gedenk- und Grabsteine weder militärischen Geist widerspiegeln noch das Gedächtnis an die nationalsozialistische Partei bewahren«[2]. Es kann nur vermutet werden, daß der ›Friedhof der Bewegung‹, von dem heute kein Stein mehr steht und dessen Liegefristen in den frühen sechziger Jahren auslaufen sollten, bereits zu dieser Zeit vollständig abgeräumt wurde. Auf dem Friedhof Columbiadamm fiel lediglich das 1936 errichtete Jugendwehrehrenmal dieser Direktive zum Opfer, sieht man einmal davon ab, daß die Vergilsche Inschrift am Augustaner-Denkmal – *Mag ein Rächer einst erstehen aus meinen Gebeinen* – klammheimlich und wahrscheinlich im vorauseilenden Gehorsam von Unbekannten *ausgemerzt* wurde. Ebenso feige wie dreist beteuerten die gerade gewesenen Täter sich gegenseitig ihre Unschuld. »Für manchen erfahrenen Antifaschisten einer lokalen oder regionalen Spruch-

[1] Kogon, SS-Staat, S.1

[2] Amtsblatt des Kontrollrats in Deutschland, Nr. 7, Berlin, 31. Mai 1946, S. 154f.

Oben und unten: Der Standortfriedhof Lilienthalstraße kurz nach dem Ende des Zweiten Weltkriegs (undatiert).

kammer«, so Ralph Giordano, »mit gutem Erinnerungsvermögen und unvergessenen Einsichten in die nachbarliche Psyche von gestern, haben sich in der Entnazifizierungsepisode zwischen 1946 und 1952 wunderliche Bilder aufgetan. Denn auch die strammsten Nazis von einst bemühten sich nun mit größerem oder kleinerem schauspielerischen Können, jedenfalls nach außen eine möglichst große Distanz zwischen ihr früheres und ihr jetziges Ich zu legen.«[3] Ein Beispiel statt vieler: »In diesen Tagen der Begeisterung und des nationalen Aufbruchs, in diesem Frühling des Hoffens und Glaubens an eine Wiedergeburt unseres Volkes in Echtheit, Kraft und Herrlichkeit«, lautete eine Pressenotiz des *Volksbunds Deutsche Kriegsgräberfürsorge* vom Frühjahr 1933, »wandern unsere Gedanken in vertiefter Liebe und Ehrfurcht hin zu den deutschen Kriegsgräberstätten, die unsere Heimat wie ein heiliger Wall der Treue umgeben. Nun ist die geistige und seelische Verbindung mit unseren Toten, ihren Taten und ihrem Opfer, die in den zurückliegenden Jahren unterbrochen war, wieder geknüpft.«[4] »So bauen wir mit an den Grundlagen des neuen Reiches, das uns unser Führer Adolf Hitler so herrlich aufgeschlossen hat, und helfen mit nach seinem Willen und in unbedingter Treue zu seiner Führung«[5], ergänzte deren ›Bundesführer‹ eineinhalb Jahre später. »Volksbund Deutsche Kriegsgräberfürsorge, das bedeutete Besinnung auf Ehre und Größe der Nation und auf die Dankespflicht gegen die Toten des Weltkrieges, das bedeutete Besinnung auf das Deutschtum überhaupt und Einsatz für deutsche Kulturwerte«, sagte – eben *ein Beispiel statt vieler* – der seit 1935 für den *Volksbund* arbeitende Klaus von Lutzau kurz vor Ausbruch des Zweiten Weltkriegs im Namen seines Vereins über dessen Bedeutung in der Weimarer Republik: »Solche Gesinnung war den Machthabern der Systemzeit aufs tiefste verhaßt, sie versuchten die Idee des Volksbundes mit allen Mitteln niederzuhalten. [...] Der Volksbund schuf daher einen Gedenktag für unsere Gefallenen des Weltkrieges am Sonntag Reminiszere und nannte ihn Volkstrauertag. Diesem Tage einen anderen, einen heldischen Namen zu geben, war damals unmöglich. Daß es nicht ein Tag müder Trauer, verzichtender Klage sein sollte, geht schon daraus hervor, daß der Volksbund diese Feier mit voller Absicht in den Frühling, in die Zeit des wachsenden Lichtes, des neuaufblühenden Lebens gelegt hat, zum Zeichen dessen, daß die gefallenen Helden dem deutschen Volke die Saat einer neuen, einer heldischen Zeit bedeuten. Eine staatliche Anerkennung des Gedenktages konnte der Volksbund trotz alljährlicher Anträge nicht erreichen. [...] Erst im Reiche Adolf Hitlers ist diesem Ringen des Volksbundes die endliche Erfüllung geworden;

[3] Ralph Giordano, Die zweite Schuld oder Von der Last Deutscher zu sein, Hamburg, Zürich 1987, S. 89

[4] Pressenotiz des *Volksbunds*, o.O., o.J. [Berlin, Mai / Juni 1933], Maschinenschrift autogr., der *Kriegsgräberfürsorge* im Bestand der Staatsbibliothek zu Berlin zwischen den Heften Mai und Juni 1933 eingebunden

[5] *Kriegsgräberfürsorge*, Nr. 10, Berlin, Oktober 1934, S. 146

der Sonntag Reminiszere wurde als Heldengedenktag zum Staatsfeiertag. [...] Der Führer selbst bringt der Arbeit des Volksbundes tiefes Interesse und wärmste Teilnahme entgegen und hat ihm seine und der Reichsregierung Förderung zugesichert. Im neuen Deutschland Adolf Hitlers ist die deutsche Volksgemeinschaft Wirklichkeit geworden, die heldische Lebensauffassung und damit auch der Gedanke der Heldenehrung werden dem deutschen Volke mehr und mehr zur Selbstverständlichkeit. Dadurch ist dem Volksbund der Weg zum Herzen des deutschen Volkes unendlich erleichtert worden, und er hat die Möglichkeit, seine ganze Kraft für die große Aufgabe einzusetzen, die Ehrenmale des Großen Krieges zu errichten.«[6]

»In dieser Zeit«, so Klaus von Lutzau am »Heldengedenktag in heldischer Zeit« – 1940 –, »wo sich täglich und stündlich in der deutschen Wehrmacht das schlichte Heldentum wortloser und selbstverständlicher Pflichterfüllung offenbart, gewinnen der Heldengedenktag und die Idee der Heldenehrung selbst eine erhöhte Bedeutung. Der Heldengedenktag soll uns mahnen, des Opfers aller Männer zu gedenken, die während des grossen deutschen Schicksalsweges von 1914 bis zur Gegenwart ihr Leben gaben für die Zukunft unseres Volkes. Und die Idee der Heldenehrung soll in der ganzen deutschen Volksgemeinschaft lebendig werden, damit sie in ihrer Haltung und Gesinnung der gewaltigen Aufgabe der Gegenwart würdig ist und die Kette schliesst von den Taten der Väter zu der Tat, die jetzt und heute vom deutschen Volk getan werden muss. [...] Der Volksbund Deutsche Kriegsgräberfürsorge hat sich sofort dem Oberkommando der Wehrmacht zur Verfügung gestellt. Damit stehen jahrelange Erfahrung in der Kriegsgräberfürsorge, eine grosse und festgefügte Organisation und die Einsatzbereitschaft von 800.000 Volksgenossen heute stärker denn je im Dienst der Heldenehrung, die Volksgemeinschaft ist auch auf diesem Gebiet bereit, dem Ruf der Wehrmacht zu folgen. [...] So soll gerade der Heldengedenktag des Jahres der Entscheidung uns stärken im Glauben an den Sieg der deutschen Kraft. Dieser Sieg wird auch die höchste Ehrung sein für das Opfer derer, die starben, damit Deutschland lebe.«[7] Obwohl Klaus von Lutzau den Krieg »als Soldat an verschiedenen Fronten«[8] erlebte, brachte er dieses Opfer nicht. Wie auch immer er sich durch die unmittelbare Nachkriegszeit schlug, wenig später saß er erneut an seinem angestammten Arbeitsplatz beim 1946 wiedergegründeten *Volksbund.* »Als der Volksbund erkannte«, stellte er sich und seinen Verein jetzt als arglistig getäuscht dar, »daß seine so ehrlich gemeinte, aufrichtig durchgeführte Zusammenarbeit mit dem totalen Staat ein Bündnis mit dem Löwen war, der den ›Löwenanteil‹ eben immer und unweigerlich für

[6] Volksbund Deutsche Kriegsgräberfürsorge e.V. (VDK e.V.) (Hg.), Der Volksbund Deutsche Kriegsgräberfürsorge als Bund des deutschen Volkes, Berlin o.J. [1939], S. 5f.

[7] Klaus von Lutzau, Heldengedenktag in heldischer Zeit, Maschinenschrift autogr., o.O., o.J. [Berlin 1940], S. 1f.

 [8] *Kriegsgräberfürsorge*, Nr. 4, Kassel, November 1978, S. 127

Spendenaufruf des *Volksbunds Deutsche Kriegsgräberfürsorge* im Oktober 1934.

sich beansprucht und für den ›Partner‹ im Grunde nur kalten Hohn hat, war es für ein Ausweichen oder gar Aufbäumen viel zu spät. Es galt für den Volksbund nur noch, zu überleben und das Ärgste abzuwenden. [...] Dann brach das Chaos herein: Der totale Staat, der totale Krieg ertranken in Blut und Feuer, versanken im totalen Zusammenbruch – und mit ihnen das Reich.« Ach, wäre Klaus von Lutzau doch mit ihnen ertrunken und versunken, er hätte viel Schlimmeres nicht erleben müssen: »Strudel und Strömung des Untergangs zog den Bodensatz des Volkes nach oben, Gesindel machte sich breit und nahm, was sich bot an Beute und Genuß. Freigesetzte Gefangene und Fremdarbeiter rotteten sich zusammen, rächten wirkliche oder vermeintliche Unbill; Tote lagen an den Straßen, in Feld und Buschwerk, unbekannt oft, unheimlich – überall Jammer und Elend, Elend und Jammer und Not, Not, Not –. [...] Der Sieger herrschte im Land mit eiserner Rute über ein geschlagenes, von der Welt verdammtes, verachtetes Volk, das irre geworden war an sich selbst [...].«[9] Der arme, leidgeprüfte, *an sich selbst irre gewordene* und zum Heldenappell Verführte überlebte auch *die Rache der zusammengerotteten Fremdarbeiter* und die *eiserne Rute der Sieger* konnte ihm kein Rückgrat mehr brechen. Klaus von Lutzau, dessen Verein nicht nur *das Ärgste abwenden*, sondern immerhin 6,5 Millionen Reichsmark durch den totalen Krieg über die sogenannten Stunde Null hinaus retten konnte und bereits zur Währungsreform 1948 12,5 Millionen anzumelden in der Lage war[10], mahnte nun mit kreideweicher Stimme, »den Tod von Abermillionen unseres Volkes auf dem Schlachtfeld, im Kerker, im Bombenhagel und auf den Trecks sinnvoll zu machen, indem wir ihr unerfülltes Leben in unser eigenes aufnehmen und es zu erfüllen trachten durch vertieftes Fühlen, gesteigertes Wirken. [...] Wenn wir uns redlich und unablässig mit aller Kraft um Einkehr und Besinnung, Versöhnung und gemeinsames Schaffen, um Frieden mit allen Gutgesinnten und entschlossene Abwehr jeder Ruchlosigkeit mühen, wenn wir gewandelt eine neue Stufe des geschichtlichen und vaterländischen Bewußtseins erklimmen, dann ist der Tod der Millionen nicht vergeblich und sinnlos gewesen, dann dürfen wir das stolze, tröstliche *victuri* aussprechen, dann und nur dann wieder das Hölderlin-Wort beschwören: Lebe droben, o Vaterland! / und zähle nicht die Toten! Dir ist, / Liebes! nicht *einer* zu viel gefallen.«

Klaus von Lutzau war nicht nur ein Paradebeispiel ruchloser und konjunkturritterlicher Anpassung, er kochte auch jenen berüchtigten Opfer-Täter-Eintopf, an dem die Deutschen sich ein zweites Mal schuldig fressen sollten: der Tod *auf dem Schlachtfeld, im Kerker, im Bombenhagel und auf den Trecks* ist *ein* Tod, Opfer und Täter *eine* Schuld- und Leidensgemeinschaft, Ursache und Wirkung aufgehoben. »Versöhnung und gemeinsames

[9] VDK e.V. (Hg.), 40 Jahre Volksbund Deutsche Kriegsgräberfürsorge, o.O., o.J. [Kassel 1959], S. 49f.

[10] siehe: Meinhold Lurz, Kriegerdenkmäler in Deutschland, Band 6, Bundesrepublik, Heidelberg 1987, S. 436

Schaffen«, so Lutzau in gönnerhafter Herrenmenschen-Geberlaune, »sind auch hier der einzige Weg und Ausweg, den wir ohne Schuldgewinsel und ohne Rachgier, aber im klaren Bewußtsein wechselseitiger [!] Schuld und gemeinsamen [!] Leides zu gehen bereit sein müssen, wenn Europa sich erneuern und bestehen soll. Wir wollen nicht die Waffe schmähen. Wir leben noch nicht im Völkerparadies. Aber wir wissen, daß in den Waffen Dämonen lauern und, entfesselt, die Erde zur Hölle verwandeln können.«[11] Hier ist sie gleich mehrfach, die bösartige nekrophile Verdrehung, die der Psychoanalytiker Zwi Rex so treffend entlarvt hat: »Die Deutschen werden den Juden Auschwitz nie verzeihen.«[12]

Lutzau trifft exakt denselben Ton wie die 1950 veröffentlichte, vielgelobte *Charta der deutschen Heimatvertriebenen*, von der Ralph Giordano sagt, sie sei nicht nur »ein klassisches Beispiel historischer Unterschlagungen« – kommt doch etwa der gescheiterte Versuch, ein judenreines *Völkerparadies* zu schaffen gar nicht erst vor –, sondern ebenso »ein überzeugendes Dokument innerer Beziehungslosigkeit zur Welt der Naziopfer, der unaufhebbaren, unkaschierbaren Ferne zu ihrer Gefühls- und Leidensgeschichte. Es ist ›die andere Seite‹, die hier spricht, antifaschismusfremd, ohne nazigegnerischen Tenor. Der einzige Superlativ, den die Unterzeichner dieser Schrift der Umschreibungen und der Verschwommenheit finden, dient der Beschwörung des eigenen Leids.«[13] »Der Intensität, mit der der Volksbund in den fünfziger Jahren der deutschen Kriegsgefallenen gedenkt, mit der er der Trauer um ›unsere Toten des Krieges‹ Ausdruck zu verleihen versucht«, stellt auch der Autor Manfred Wittig fest, »entspricht auf der anderen Seite einer totalen Ignoranz gegenüber den Opfern, die im Faschismus aus politischen oder rassistischen Motiven ermordet wurden.« Im *Volksbund*, »traditionell eine Vereinigung ehemaliger Soldaten«[14], im *Bund der Vertriebenen*, in den ungezählten Veteranenverbänden und der Bundeswehr sammelte und formierte sich in der jungen Bundesrepublik diese *antifaschismusfremde* Haltung.

Bereits 1948 wurde die Tradition des Volkstrauertags wieder aufgenommen, 1950 fand die erste Zentralveranstaltung im Bundestag statt und ab 1952 feierte man ihn regelmäßig, gegen den Willen des *Volksbunds* nicht mehr im bewährten Frühjahr, sondern – wie es Klaus von Lutzau sicher nur

[11] VDK e.V. (Hg.), Den Gefallenen – Ein Buch des Gedenkens und des Trostes, München, Salzburg 1952, S.12f. und 11

[12] »Durch die wissenschaftliche Literatur«, und nicht nur durch diese, möchte man Harald Welzer ergänzen, »geistern gelegentlich Zitate, deren ursprüngliche Quelle nicht zu identifizieren ist, die aber so gut sind, dass sie immer wieder abgeschrieben werden.« Harald Welzer, Klimakriege, Frankfurt am Main 2008, S. 287

[13] Giordano, Zweite Schuld, S. 284 und 289

[14] Manfred Wittig, »Der Tod hat alle Unterschiede ausgelöscht« – Anmerkungen zur Geschichte und Ideologie des Volksbundes Deutsche Kriegsgräberfürsorge nach 1945, in: Michael Hütt / Hans-Joachim Kunst / Florian Matzner / Ingeborg Pabst (Hg.), Unglücklich das Land, das Helden nötig hat, Marburg 1990, S. 93

Oben und unten: Kranzniederlegung auf dem Standortfriedhof Lilienthalstraße
zum Bundesvertretertag des *Volksbunds* im Juni 1959.

zähneknirschend hinnahm – als *einen Tag müder Trauer und verzichtender Klage* im November. Er avancierte sofort zum zentralen Gedenktag aller *Antifaschismusfremden*. Ob die Einführung des Heldengedenktags 1934 auf Betreiben des *Volksbunds* oder der NSDAP geschah, ist weder eindeutig zu sagen noch wirklich von Belang. Daß allerdings die NSDAP bei einem so zentralen Thema ihrer Polit-Liturgie nicht abseits stehen würde, konnte sich jeder denken. Der damalige ›Bundesführer‹ des *Volksbunds*, Siegfried Emmo Eulen, der das Privileg genoß, noch im Juli 1933 – also einige Monate nach der Aufnahmesperre der Partei – Genosse werden zu dürfen, bat im Januar 1934 Goebbels um die gesetzliche Anerkennung des Volkstrauertags: »Der Gedenktag für die Gesamtheit der Toten des Krieges und der Freiheitsbewegung muß für alle Zeiten im Leben des Volkes vereinbart werden, weil er Volkstum und Volkskraft stärkt. Wenn dies erreicht werden soll, darf es nicht ein Tag der Trauer sein, sondern muß ein Tag der Erhebung werden, ein Tag des Hoffens auf das Aufgehen der blutigen Saat.«[15] Es klingt nicht so, als stünde der dann ›bewilligte‹ Heldengedenktag seinen Intentionen sehr fern. Auch die erheblichen Bauaktivitäten und Mitgliederzuwächse des *Volksbunds* sprechen für eine gut funktionierende Zusammenarbeit. Daß dabei Kompetenzstreitigkeiten entstanden, gehörte eher zur Regel als zur Ausnahme aller Machtbereiche während der NS-Zeit. Am Heldengedenktag wurde nun auch der ›gefallenen‹ Freikorpskämpfer und der ›Opfer der Bewegung‹ gedacht, was kaum der Erwähnung wert ist, vielmehr eine ›logische‹ Zwangsläufigkeit war. Hinzu kam auch noch die Nutzung des Tages als politisches Symbol. »Zum [ersten] Heldengedenktag 1934 wurde der Reichswehr das Partei-Hoheitszeichen verliehen«, so Thomas Peter Petersen in seiner *Geschichte des Volkstrauertages*. »Die Fahnen wehten noch – wie bisher – auf Halbmast. Erst am Heldengedenktag 1935 wurden die Fahnen vollstock gesetzt.«[16] Damit eng verknüpft war die Wiedereinführung der allgemeinen Wehrpflicht. Ein Jahr später wurde an diesem Tag das entmilitarisierte Rheinland besetzt und am Heldengedenktag 1938 Österreich *heim ins Reich* geholt.

Die Wiedereinführung des Volkstrauertags nach dem Krieg stand – ob sie wollte oder nicht – im Zeichen der massiven politisch-symbolischen Aufladung *dieses* ›Gefallenen‹-Gedenkens.[17] Treffsicher wählte der Berliner Landesverband des *Volksbunds* ausgerechnet den nationalsozialistischen Friedhof Lilienthalstraße als Heimstatt für das alljährliche Gedenkritual. Auch die *Bärenfreunde*, die *Hilfsgemeinschaft der ehemaligen 3. Panzer-Division*, richteten in den späten fünfziger oder den frühen sechziger Jahren ›ihr‹ Eh-

[15] nach: Meinhold Lurz, Kriegerdenkmäler in Deutschland, Band 5, Drittes Reich, Heidelberg 1986, S. 383f.

[16] Thomas Peter Petersen, Die Geschichte des Volkstrauertages, Kassel 1998, S. 24

[17] Noch 1957 nennt die Gedenkschrift eines Veteranenvereins den Volkstrauertag *Heldengedenktag*. Gedenkschrift zur Denkmalsweihe mit Divisionstreffen der ehemal. 23. und 76. Infanterie-Division und des Kaiser Alexander Garde-Grenadier-Regiments Nr. 1, Berlin 1957, S. 22

renmal auf Berlins größtem ›arischen‹ Soldatenfriedhof ein. »Die Division, die im Oktober 1935 in Berlin gegründet wurde«, erfährt man aus der Veteranen-Zeitschrift *(Alte) Kameraden*, »nahm am Einmarsch ins Sudetenland und Böhmen und Mähren teil [und] kämpfte zu Beginn des Zweiten Weltkriegs in Polen und Frankreich [...]. Im Rahmen der Heeresgruppe Mitte von Juni 1941 bis Anfang 1942 an allen großen Schlachten des Russlandfeldzuges beteiligt, nahm sie dann am Vormarsch auf den Kaukasus teil.«[18] Damit hatte auch dieser Truppenteil zweierlei zu erfüllen, wie Generalfeldmarschall Walter von Reichenau bereits im Oktober 1941 unter dem Betreff »Verhalten der Truppe im Ostraum« befahl: Zum einen »die völlige Vernichtung der bolschewistischen Irrlehre, des Sowjetstaates und seiner Wehrmacht«, zum anderen »die erbarmungslose Ausrottung artfremder Heimtücke und Grausamkeit und damit die Sicherung des Lebens der deutschen Wehrmacht in Rußland«. Nur so würde sie der geschichtlichen Aufgabe gerecht, stellte er abschließend fest, »das deutsche Volk von der *asiatisch-jüdischen Gefahr ein für allemal zu befreien*«[19].

Nach dem Krieg stand dieses Ziel nicht mehr auf der Agenda und auch Klaus von Lutzau hatte sich – pragmatisch wie er war – wieder dem Realisierbaren gewidmet, so daß er nach dem Volkstrauertag 1966, den Alleinvertretungsanspruch seines Vereins betonend, triumphierend verkünden konnte: »Berlin hat wieder ein Ehrenmal«[20]. Die Vorgeschichte dazu begann bereits einige Jahre früher. Im März 1960 erreichte ein ungewöhnlicher, an den »Senat von Berlin – Hauptverwaltung« gerichteter Brief das Schöneberger Rathaus. »›Anliegend wird Ihnen der Gepäckaufbewahrungsschein für einen im Bahnhof Zoo hinterlegten runden Korb überreicht. Er enthält die Blätter des ehemaligen Kranzes im Ehrenmal Unter den Linden‹, hieß es in dem anonymen Schreiben.«[21] Schinkels damit gemeinte *Neue Wache* war 1931 zum preußischen Ehrenmal umgestaltet worden. Zentraler Fetisch des Entwurfs des Architekten Heinrich Tessenow war ein Silberkranz des Bildhauers Ludwig Gies. Obgleich ein Werk des Künstlers auf der berüchtigten Ausstellung *Entartete Kunst* diffamiert wurde, erlebte sein Kranz im Dritten Reich nicht wenige Huldigungen und lag bis 1948 verhältnismäßig unbeschadet an seinem Fleck. Dann wurde er gestohlen und sollte erst jetzt – in Teilen – wieder auftauchen. »Niemand [...] wird die ehemalige Inneneinrichtung der Neuen Wache, den klotzigen Granitblock mit dem schweren silbernen Eichenlaubkranz, vermissen. Zu lange wurden damit Unrecht und sogar Verbrechen glorifiziert«, formulierte das Ostberliner »Referat für Denkmalpflege beim Ma-

[18] *Kameraden*, Nr. 602, Stuttgart, Juni / August 2003, S. 16; von 1953 bis 1996 hieß die Zeitschrift *Alte Kameraden*

[19] Armeebefehl des Oberbefehlshabers der 6. Armee, Generalfeldmarschall von Reichenau, vom 10. Oktober 1941, in: Gerd R. Ueberschär / Wolfram Wette (Hg.), Der deutsche Überfall auf die Sowjetunion »Unternehmen Barbarossa« 1941, Frankfurt am Main 1984, S. 285f.

[20] *Kriegsgräberfürsorge*, Nr. 12, Kassel, Dezember 1966, S. 157

[21] *Berliner Morgenpost*, Nr. 60, 11. März 1960, S. 3

Denkmal der 3. Panzer-Division Berlin-Brandenburg.

gistrat« etwas ungelenk und lehnte das ernsthaft gemachte, aber vermutlich als Sperrfeuer gedachte Auslieferungsangebot des Westberliner Senats ab, war doch die Einweihung der umgestalteten *Neuen Wache* als »Mahnmal der Opfer des Faschismus und der beiden Weltkriege«[22] für den 1. Mai – etwa 6 Wochen später – bereits beschlossene Sache. Der *Volksbund* nahm sich der Kranz-Fragmente an und beauftragte Ludwig Gies, sein Werk zu rekonstruieren. Gies starb und die Arbeit vollendete sein Assistent Fritz Rademacher. Genau auf der Achse zwischen Friedhofseingang und Feierhalle richtete man auf dem Friedhof Lilienthalstraße eine Art Krypta ein. Auf einem zu niedrigen Sockel in einem zu kleinen Raum fand der Silberkranz nun seine neue Wirkungsstätte und bildete bis zum Jahr 2004 eine deformierte Replik des preußischen Ehrenmals in der *Neuen Wache*.

Klaus von Lutzau war bei der Einweihung dennoch begeistert: »Die Glocken läuten zum Beginn der Feier, [...] das Gitter vor dem Ehrenraum öffnet sich, zart angestrahlt schimmert der Silberkranz durch die Dämmerung, Fackeln flammen auf, die Kranzträger, von Fackelträgern begleitet, kommen den breiten Gang entlang zum vertieften Platz vor dem Ehrenmal. [...] Und dann die Kranzniederlegung: [...] Kranz auf Kranz, und die grauen Schatten der immer tiefer werdenden Dunkelheit weichen zurück vor dem Flackerglanz der Fackeln, den leuchtenden Farben von Blumen und Schleifen. Die ›Paradepost‹ aus dem Großen Zapfenstreich, das Lied ›Ich hatt′ einen Kameraden‹ enden in der Schweigeminute – die Hände der jungen Kranz- und Fackelträger – Mädchen und Jungen einer Pfadfindergruppe – sind zum Pfadfindergelöbnis gehoben.«[23] Ganz ähnlich feiert der Berliner Landesverband des *Volksbunds* bis heute am Vorabend des Volkstrauertags das offizielle Berliner Gedenken für die *Opfer von Krieg und Gewaltherrschaft* – statt Pfadfindern stehen Bundeswehrsoldaten im Fackelschein und bei zunehmender Dunkelheit Spalier, wenn Senat und Parlament, Bundeswehr, Bundesgrenzschutz, Berliner Polizei sowie weitere »Institutionen und Verbände«[24] – etwa die *Traditionsgemeinschaft des Panzer-Korps Großdeutschland* – in Anwesenheit zahlreicher Botschaftsvertreter ihre Kränze ablegen. Mit der Einrichtung der *Neuen Wache* verlor dieser zentrale Gedenkort Westberlins aber erheblich an Bedeutung.

Eine vom *Volksbund* erwünschte Einbeziehung des Silberkranzes in die 1993 zur *Zentralen Gedenkstätte der Bundesrepublik für die Opfer von Krieg und Gewaltherrschaft* umgestaltete *Neue Wache* wurde eigentlich nie in Erwägung gezogen, hatte Bundeskanzler Helmut Kohl doch bereits nach Gutsherrenart entschieden, sich mit der Blow-up-Version von Käthe Kollwitz′ *Pietà* ein seinem Ebenbild entsprechendes Denkmal zu setzen. »Im stummen

[22] *Berliner Morgenpost*, Nr. 61, 12. März 1960, S. 6
Tatsächlich lautete die Inschrift: »Den Opfern des Faschismus und Militarismus«.

[23] *Kriegsgräberfürsorge*, Nr. 12, Kassel, Dezember 1966, S. 157

[24] http://www.volksbund.de/kgs/stadt.asp?stadt=51399 (19.06.08)

Oben: Kranzniederlegung und Pfadfindergelöbnis zum Volkstrauertag 1955.
Unten: Silberkranz von Ludwig Gies.

Der Friedhof Lilienthalstraße am Volkstrauertag 2003.

Kranzniederlegung zum Volkstrauertag 2006.

Einverständnis mit der SPD, weil Frau Kollwitz so eine brave Sozialistin war«, wie Reinhart Koselleck spöttisch anmerkt. Und er gibt auch noch folgendes zu bedenken: »Die Pieta schließt sowohl die Juden aus wie die Frauen, die beiden größten Gruppen der unschuldig Umgebrachten und Umgekommenen des Zweiten Weltkrieges. Dies ist antijüdisch: Hinter der Trauer um den Leichnam Christi lauern jene seit dem späten Mittelalter bösartig visualisierten Juden, die den Gottessohn ermordet hätten. Und hinter der sichtbar überlebenden Mutter rufen Millionen vernichteter, ermordeter oder vergaster und verschwundener Frauen: Und wer gedenkt unser? Ein doppelter Mißgriff mit Folgen, die sich aus einer deshalb auch ästhetisch zweitrangigen Lösung zwingend ergeben. Der Denkfehler gebiert ästhetische Mißgestalten.«[25] Doch dies nur nebenbei.

Eine Ausstellung zum Ersten Weltkrieg beförderte den Silberkranz 2004 ins Deutsche Historische Museum. Dort fand man Gefallen an dem Stück, zweifelte die Eigentumsverhältnisse an und behielt ihn gleich da. So fand die ›Volkstrauer‹ an der Lilienthalstraße einige Jahre vor einem leeren Sockel statt. Im November 2007 konnte die freigewordene Stelle neu besetzt werden. Die ›Sorgende Mutter‹ des antifaschistischen Bildhauers Fritz Cremer wendet sich ab von den »ermordeten Mördern«[26], hin zu den ›unschuldigen Opfern‹ – Kinder und Frauen, letztere bevorzugt als Gattungsexemplare, die ihre Gebärfähigkeit bereits unter Beweis gestellt haben. Ein weiteres, vor wenigen Jahren aufgestelltes Denkmal bläst ins selbe Horn: Bei einem Gedenkstein mit der Inschrift *Den Toten im Osten*, der aus dem Jahr 1957 stammt, wurde zum Volkstrauertag 2001 ein vom *Frauenverband im Bund der Vertriebenen* initiiertes Mahnmal für »die Opfer von Vertreibung, Verschleppung, Vergewaltigung und Zwangsarbeit« und im besonderen für »unschuldige Kinder und Mütter, Frauen und Mädchen«[27] eingeweiht. »Es ist nicht wahr«, so Ingeborg Bachmann in einem Fragment gebliebenen Entwurf, »daß die Opfer mahnen, bezeugen, Zeugenschaft für etwas ablegen, das ist eine der furchtbarsten und gedankenlosesten, schwächsten Poetisierungen. [...] Auf das Opfer darf keiner sich berufen. Es ist Mißbrauch. Kein Land und keine Gruppe, keine Idee darf sich auf ihre Toten berufen.«[28]

Und Klaus von Lutzau? Der Pfarrersohn wurde 1973, nach »38 Jahre[n] erfolgreichen Wirkens für die Belange des Volksbundes«[29] – immerhin 10 davon während des Dritten Reichs – als Generalsekretär in den ›wohlverdienten‹ Ruhestand verabschiedet. Kurz nach seinem 70. Geburtstag starb er im Oktober 1978. »In Würdigung seiner Verdienste um die Arbeit der

[25] *Die Zeit*, Nr.13, Hamburg, 19. März 1998, S. 48
[26] Kurt Tucholsky (Ignatz Wrobel) in: *Die Weltbühne*, Nr. 41, Berlin, 11. Oktober 1927, S. 555
[27] Inschrift des Steins
[28] Ingeborg Bachmann, Die Wahrheit ist dem Menschen zumutbar, München 1981, S. 135
[29] *Kriegsgräberfürsorge*, Nr. 3, Kassel, Mai 1973, S. 66

Gedenksteine aus den Jahren 1957 und 2001.

deutschen Kriegsgräberfürsorge verlieh ihm der Bundespräsident das Verdienstkreuz 1. Klasse des Verdienstordens der Bundesrepublik Deutschland. Das Leben und Wirken Klaus von Lutzaus war bestimmt durch die von ihm geübte Toleranz, die Achtung vor dem Mitmenschen und seine Treue gegenüber Gefallenen beider Weltkriege. Der Volksbund wird seiner stets in tiefer Dankbarkeit gedenken.«[30]

[30] *Kriegsgräberfürsorge*, Nr. 4, Kassel, November 1978, S. 127

2. Friedhof Columbiadamm

Noch heute sieht man, wenn man über Berliner Friedhöfe streift, von Granatsplittereinschlägen übersäte Grabsteine. Wie der Friedhof Columbiadamm nach dem 2. Weltkrieg aussah, läßt sich nur erahnen. Das Friedhofsgebäude, soviel ist überliefert, war schwer beschädigt und nicht mehr benutzbar. Ein Bericht von 1949 nannte den »Gesamteindruck entwürdigend, besonders für die Gefallenen-Abteilungen«[30]. Erhebliche Zerstörungen erlitt der Friedhof zudem nach der Währungsreform, die es insbesondere in der SBZ ansässigen Angehörigen nahezu unmöglich machte, die Friedhofsgebühren, welche ab März 1949 in Westmark zu bezahlen waren, aufzubringen, geschweige denn die oftmals aufwendigen Grabstellen neu zu kaufen, da das erworbene Dauerruherecht seine Gültigkeit verloren hatte. Zudem war der Friedhof als militärisches Objekt von den Alliierten beschlagnahmt worden. Zwar wurde die Verwaltung fortgesetzt, doch die Bereitschaft, hier zu investieren, war gering. Erst 1968 sollte der Friedhof städtisch werden.

Nach einigen Jahren der Friedhofsruhe krochen dann die ›ehemaligen‹ Nazis wieder aus den Löchern. Ab Anfang der fünfziger Jahre formierten sich die unzähligen Veteranenvereine und Traditionsverbände. So auch der *Stahlhelm*, ganz in der Tradition des gleichnamigen, in der Weimarer Republik gegründeten *Bundes der* – nichtjüdischen – *Frontsoldaten*, welcher 1935 aufgelöst und in die SA eingegliedert worden war. Den formalen *Zweck* der ersten Nachkriegssatzung des Berliner Landesverbands könnte man exemplarisch nennen: »Das Ziel der Vereinigung ist die Unterstützung notleidender Mitglieder durch gegenseitige Hilfe, die Beseitigung der Kriegsfolgen durch die Herbeiführung eines gerechten und dauerhaften Friedens sowie die Wiedervereinigung Deutschlands im Rahmen der europäischen Völkergemeinschaft auf dem Boden der Gleichberechtigung aller Nationen. Die Vereinigung steht über den politischen Parteien. Sie tritt für die Unantastbarkeit der vom Volke gegebenen Verfassung ein und bekämpft jeden politischen Radikalismus.«[31] Neben dieser Bullshit[32]-Prosa machen auch andere Punkte stutzig: Mitgliedschaft wurde allzu wörtlich genommen, konnte doch lediglich der »unbescholtene deutsche Mann« dieser sich in »Gaue«, »Kreise« und »Ortsgruppen« fächernden Vereinigung beitreten. Und wie man sich ein ziviles Zusammensein dieser *unbescholtenen deutschen Männer* vorzustellen hat, davon gibt die Einladung zur Jahreshauptversammlung

[30] nach: Schütze, Befreiungskriegen, S. 98

[31] Amtsgericht Charlottenburg, Abteilung 95, Vereinsregisterakten über *Der Stahlhelm* – Landesverband Berlin (VR 1718B), Bl. 15

[32] Harry G. Frankfurt, Bullshit, Frankfurt am Main 2006

1954 in den *Dorfkrug Lichtenrade* ein vages Bild: »Nach Beendigung der Jahreshauptversammlung findet ein gemeinsames Mittagessen (Erbssuppe mit Speck, Preis 60 Pfg., Löffel ist mitzubringen) und im Anschluß hieran ein *zwangloses kameradschaftliches Beisammensein* statt. Vor Beginn der Jahreshauptversammlung, während der Pause, beim Mittagessen und während des kameradschaftlichen Beisammenseins wird eine Abteilung unserer Musikkapelle Marschmusik und Soldatenlieder spielen. Frontheil / Landesverband Berlin / des Stahlhelm, B.d.F. [Bund der Frontsoldaten]«. Auf der Mitgliederversammlung 1966 sprach nach »Fahneneinmarsch«, »Ehrung der Gefallenen« und »Fahnenausmarsch« Konteradmiral a.D. und Ritterkreuzträger Kurt Weyher ebenso wie der berüchtigte spätere Berliner Innensenator »Dipl. pol.« Heinrich Lummer. Und wem die Stoßrichtung noch immer nicht klar war, den klärte der Landesvorsitzende Horst Ohl 1976 endgültig auf: »Wir werden niemals deutschen Boden aufgeben, wenn er auch z.Zt. nicht zu uns aufgrund des 2. Weltkrieges gehört. [...] Aus diesem Grunde bekämpfen wir den Kommunismus und Bolschewismus, weil beide nur den Untergang bedeuten können.«[33]

Denkmal des Königin Augusta Garde-Grenadier-Regiments Nr. 4
mit der kurz darauf ausgemeißelten Inschrift (Oktober 1946).

Kranzschleife von *Der Stahlhelm e.V.* vor dem Denkmal des
Königin Augusta Garde-Grenadier-Regiments Nr. 4 (November 2004).

Als *Bund der Soldatenverbände in Berlin* gründete sich 1959 der später in *Ring Deutscher Soldatenverbände Berlin* (RDS) umbenannte Dachverband für das ganze Spektrum dieser des Antifaschismus unverdächtigen eingetragenen Vereine. Und vermutlich übernahm er wenig später auch die Regie für das ›Gefallenen‹-Gedenken am Volkstrauertag auf dem Friedhof Columbiadamm. Doch auch eine Teilnahme an der am Vorabend stattfindenden offiziellen Berliner Trauerfeier auf dem benachbarten Friedhof Lilienthalstraße ließ man sich nicht nehmen: »Kamerad v. Zedlitz und Kamerad Schwarzkopf«, heißt es im Protokoll einer Sondersitzung Anfang November 1974, »legen am 16.11.74 am Ehrenmal (Friedhof Lilienthalstr.) einen Kranz nieder. Am Volkstrauertag legt jeder Verband an ›seinem‹ Denkmal einen Kranz nieder.« Und noch ein weiterer Tag geriet – zumindest für einige Jahre – ins Zentrum des Interesses: »Ka. Welker wies auf den 10.3.75, den Tag des Deutschen Soldaten hin und bat alle Verbände eine Delegation zur Kranzniederlegung am Lilienthalfriedhof zu entsenden.« Der als *Tag des Deutschen Soldaten* bezeichnete 10. März war der Geburtstag von Königin Luise und die Stiftungsurkunde des Eisernen Kreuzes von 1813 wurde aus diesem Grund hierher rückdatiert. »Nach der Totenehrung für die verstorbenen Kameraden«, so das Protokoll einer weiteren Versammlung des RDS 1977, »folgt der Bericht über die würdig verlaufene Feier am 10. März 77 am Ehrenmal. Ca. 250 Anwesende, bisher beste Beteiligung, ein Zeichen für die erfolgreiche Arbeit unseres Verbandes. Leider keine Pressenotiz. [...] Volkstrauertag: Durchführung durch ›Ring‹. Mitführen von ›echten‹ Regimentsfahnen etc. (Fahne von Annaberg). Hauptfeier am Lucknerkreuz, Mitwirken der Schutzmächte.«[34]

Bis heute gibt sich das ›Gefallenen‹-Gedenken so einen internationalen Anstrich. Unter diesem Deckmäntelchen stellen nicht nur die Traditionsverbände, sondern auch rechtsradikale Parteien wie NPD, Republikaner und DVU ihre Soldatenverehrung öffentlich zur Schau. Auch die *Ordensgemeinschaft der Ritterkreuzträger* (OdR), um ein weiteres prägnantes Beispiel zu nennen, fühlt sich dazu bemüßigt. In der Selbstdarstellung der *Ordensgemeinschaft* heißt es: »Das Memorandum der OdR weist die Verleihung von 7318 Ritterkreuzen, sowie 882 mal des Eichenlaubs, 159 der Schwerter, 27 mal der Brillanten, 1 mal des Goldenen Eichenlaubs [Hans-Ulrich Rudel] und 1 mal des Grosskreuzes des Eisernen Kreuzes [Hermann Göring] für alle Dienstgrade in drei Wehrmachtsteilen und der Waffen-SS nach. Diese hohen Auszeichnungen wurden ausschließlich für besondere Tapferkeit vor dem Feind und für hervorragende Truppenführung verliehen. [...] Der Zusammenschluss der Ritterkreuzträger zu einer Ordensgemeinschaft dient dem Ansehen und der Ehre deutschen Soldatentums, in dessen unwandelbaren

[33] alle Zitate nach: Amtsgericht Charlottenburg, Abteilung 95, Vereinsregisterakten über *Der Stahlhelm* – Landesverband Berlin (VR 1718B), Bl. 15, 33, 110 und 147

[34] Amtsgericht Charlottenburg, Abteilung 95, Vereinsregisterakten über *Ring Deutscher Soldatenverbände Berlin* (VR 3077B) Bl. 86, 90 und 111f.

Das 1874 privat gestiftete sogenannte ›Luckner‹-Kreuz.

Kranzschleifen vor dem ›Luckner‹-Kreuz im November 2004.

Kranz vor dem Denkmal des Kaiser Alexander Garde-
Grenadier-Regiments Nr. 1 (Januar 2001).

Tugenden das Pflichtbewusstsein, die Opferbereitschaft und die Kameradschaft gewahrt sind. Die Soldaten sind der Bundeswehr aufrecht verbunden. 711 Ritterkreuzträger haben seit deren Gründung im Jahre 1956 – zum Teil in höchsten Rängen (117 Generale und Admirale) – darin Dienst getan. [...] Heute [2004] zählen noch rund 500 Ordensträger, ca. 230 Nachfolgemitglieder, 110 Vollmitglieder aus der Nachfolge und viele Fördermitglieder zur Gemeinschaft.«[35] 1999 erließ Verteidigungsminister Rudolf Scharping ein Kontaktverbot für die Bundeswehr und auch ein Mitarbeiter des *Volksbunds* distanziert sich im Namen seines Vereins auf Nachfrage von ihr: »Mir ist nicht bekannt, ob es zur OdR [...] in den letzten zwei Jahrzehnten Kontakte gab. Mir liegen keinerlei Hinweise vor. In den 21 Jahren, die ich beim Volksbund bin, habe ich nie von Kontakten gehört. [...] Der Volksbund ist hier sehr vorsichtig, da er eine klare Position zu geschichtlichen Fragen hat, die sich mit der der herrschenden Mehrheitsmeinung sowie der Bundesregierung deckt.«[36] Offener als in diesem letzten Satz läßt sich Opportunismus und willenlose Affirmation der herrschenden Verhältnisse kaum formulieren. Doch mit der Vorsicht nimmt man es nicht immer so genau: Der *Volksbund* war sich nicht zu schade, auf der Rückseite des 1998 erschienenen Mitgliederverzeichnisses der *Ordensgemeinschaft* eine Anzeige zu plazieren.

[35] http://www.stengerhistorica.com/Affiliations/odr/index(german).htm (30.07.08)

[36] Brief an den Autor, 15. Januar 2008

Mitgliederverzeichnis der *Ordensgemeinschaft* von 1998 (Rück- und Vorderseite).

Zum Volkstrauertag 1990 wurde erstmals gegen die Veranstaltung auf dem Friedhof Columbiadamm demonstriert. Doch sie geriet schnell wieder aus dem Fokus dieser Gegenöffentlichkeit, gab es doch nach der sogenannten Wende einen anderen Ort, den Rechtsradikale sich bevorzugt zum *Heldengedenken* wählten: den unweit von Berlin gelegenen Soldatenfriedhof in Halbe. Erst als hier der Kranzabwurf zunehmend schwieriger wurde, wich man auf den Friedhof Columbiadamm aus. Vor allem deshalb[37] wurden einige Denkmale des Friedhofs wiederholt ›Opfer‹ von Farbbeutelwürfen oder mit antifaschistischen Parolen beschriftet. Seit 2006 findet alljährlich eine Kundgebung vor den Toren des Friedhofs statt. Der Vorsitzende des *Berliner Bürgervereins*, Hans-Joachim Weinert, beschimpfte am Volkstrauertag 2007 diese Demonstranten als »Entartete, die ihre ungesunden Triebe ausleben«[38].

[37] Ein anderer Grund: In der Nacht zum 25. März 2003 wurde anläßlich des vierten Jahrestages des NATO-Überfalls auf Jugoslawien eine demonstrative farbliche Markierung verschiedener Denkmale vorgenommen.
siehe: *junge Welt*, Nr. 72, Berlin, 26. März 2003, S. 5

[38] nach: *die tageszeitung*, Nr. 8433, Ausgabe Berlin, 19. November 2007, S. 21

Zentrale Feier am ›Luckner‹-Kreuz zum Volkstrauertag im November 2007. Im Vordergrund *das* kolonial-revisionistische Symbol: die sogenannte Petersflagge.

Epilog

»*Wolfgang Storch*: Die Geschlechterspannung wird immer wieder verunklart, oder, wie Heiner Müller sagt: die Angst vor den Frauen wird mobilisiert.

Klaus Heinrich: Also, sich hier anders verhalten, würde bedeuten, nicht eine nationale, sondern eine Gattungsutopie realisieren. Wirklich eine Balance zu finden, die Schluß macht nicht nur mit der fixen Rollenzuteilung, sondern auch dann, wenn diese fixe Rollenzuteilung versagt. – Sofort wird dann der anderen Seite gesagt: Du warst schon immer der Abgrund, und es ist ganz richtig, daß man sich vor dir schützt. Alle Rachemacht kommt von dort, das ist in den Nibelungen so durchexerziert.

Heiner Müller: Mit der Gattungsutopie, das ist ganz klar. Fehlt aber nicht dazu, daß in beiden deutschen Staaten die Nation nicht beerdigt worden ist?

Klaus Heinrich: Man hat ihr zu lange schon die Grabmonumente gebaut. Man hat sich an diesen Zustand gewöhnt.

Heiner Müller: Aber sie ist nicht beerdigt worden, anständig. Es ist, glaube ich, eine Aufgabe, diese Nation zu beerdigen.

Klaus Heinrich: Das finde ich eine großartige und sehr einleuchtende Aufgabe. ›Des Schweißes der Edeln wert.‹

Heiner Müller: Ich glaube, das ist die Voraussetzung für die Gattungsutopie.

Klaus Heinrich: So ist es. Das ist auch ein Stück Abwehr gegen die Analyse des Nation-Sterbens. Wenn ich als Kind, während des NS-Staates Mitte oder Ende der 30er Jahre im Ausland gefragt wurde, sagte ich, wie heute: Ich bin Berliner oder Brandenburger, ich stamme aus der Mark Brandenburg, aber zu sagen, ich bin Deutscher, war für mich nicht sagbar.

Heiner Müller: Es wird erst wieder sagbar, wenn man sagen kann, ich war Deutscher.

Klaus Heinrich: So ist es.

Heiner Müller: Und das ist was Schönes, dann.«[1]

---

[1] Klaus Heinrich und Heiner Müller, Katastrophenfaszination und Totengräberdienst. Aus einem Gespräch mit Wolfgang Storch, in: Wolfgang Storch (Hg.), Die Nibelungen. Bilder von Liebe, Verrat und Untergang, München 1987, S. 113f.

Literaturverzeichnis:

Volker **Ackermann**, Nationale Totenfeiern in Deutschland, Stuttgart 1990

Ernst Moritz **Arndt**, Blick aus der Zeit auf die Zeit, Germanien [Frankfurt am Main] 1814

Ernst Moritz **Arndt**, Schriften für und an seine lieben Deutschen, Erster Theil, Leipzig 1845

Ingeborg **Bachmann**, Die Wahrheit ist dem Menschen zumutbar, München 1981

Hanns **Bächtold-Stäubli** u.a. (Hg.), Handwörterbuch des deutschen Aberglaubens, Band III, Leipzig 1930/31

Matthias **Bardong** / Hermann Demmler / Christian Pfarr (Hg.), Das Lexikon des deutschen Schlagers, Mainz, München 1993

Michael **Behnen** (Hg.), Quellen zur deutschen Außenpolitik im Zeitalter des Imperialismus 1890-1911, Darmstadt 1977

Berlin in Geschichte und Gegenwart – Jahrbuch des Landesarchivs Berlin, Hans J. Reichardt (Hg.), Berlin 1984

Berlin in Geschichte und Gegenwart – Jahrbuch des Landesarchivs Berlin, Jürgen Wetzel (Hg.), Berlin 1992

Berlin in Geschichte und Gegenwart – Jahrbuch des Landesarchivs Berlin, Uwe Schaper (Hg.), Berlin 2006

Wilhelm **Borchert**, Garnison-Friedhof Hasenheide in Wort und Bild, Berlin 1930

Karl Dietrich **Bracher**, Die deutsche Diktatur, Köln, Berlin 1969

Ursula **Breymayer** / Bernd Ulrich / Karin Wieland (Hg.), Willensmenschen – Über deutsche Offiziere, Frankfurt am Main 1999

Hanspeter **Brode** (Hg.), Deutsche Lyrik, Frankfurt am Main 1990

Bernhard Fürst von **Bülow**, Denkwürdigkeiten, Band 4, Berlin 1931

Bundesministerium der Verteidigung, Planungsstab (Hg.), Das Ehrenmal der Bundeswehr, Berlin 2007

Elias **Canetti**, Masse und Macht, Frankfurt am Main 1996

Laurenz **Demps** / Carl-Ludwig Paeschke, Flughafen Tempelhof – Die Geschichte einer Legende, Berlin 1998

Deutsche Liga für Menschenrechte e.V. (Hg.), Acht Jahre politische Justiz. Das Zuchthaus – die politische Waffe, Berlin 1927

Freiherr von **Eelking** (Hg.), Die Uniformen der Braunhemden, München 1934

Barbara **Ehrenreich**, Blutrituale – Ursprung und Geschichte der Lust am Krieg, München 1997

Adolf **Ehrt** / Hans Roden, Terror – Die Blutchronik des Marxismus in Deutschland, Berlin 1934

Julek Karl von **Engelbrechten**, Eine braune Armee entsteht, München, Berlin 1937

Julek Karl von **Engelbrechten** / Hans Volz, Wir wandern durch das nationalsozialistische Berlin – Ein Führer durch die Gedenkstätten des Kampfes um die Reichshauptstadt, München 1937

Bernt **Engelmann**, Wir Untertanen, München, Frankfurt am Main 1982

Markus **Euskirchen**, Militärrituale – Analyse und Kritik eines Herrschaftsinstruments, Köln 2005

Gerd **Fesser**, Der Traum vom Platz an der Sonne – Deutsche »Weltpolitik« 1897-1914, Bremen 1996

Festschrift zur Weihe des Denkmals für die im Kriege 1914-1918 gefallenen Helden des Königin Augusta Garde-Grenadier-Regiments Nr. 4 und seiner Tochterregimenter, Berlin 1925

Walter **Flex**, Im Felde zwischen Nacht und Tag, München o.J. [1918]

Forschungen zur Brandenburgischen und Preußischen Geschichte, 43. Band, München, Berlin 1930

Harry G. **Frankfurt**, Bullshit, Frankfurt am Main 2006

Erich **Fromm**, Anatomie der menschlichen Destruktivität, Reinbek 1977

Hans-Jochen **Gamm**, Der braune Kult, Hamburg 1962

Gedenkpolitisches Recherchteam (Hg.), Columbiadamm – texte *gegen* deutsches heldengedenken, Berlin o.J. [2007]

Gedenkschrift zur Denkmalsweihe mit Divisionstreffen der ehemal. 23. und 76. Infanterie-Division und des Kaiser Alexander Garde-Grenadier-Regiments Nr. 1, Berlin 1957

Ralph **Giordano**, Die zweite Schuld oder Von der Last Deutscher zu sein, Hamburg, Zürich 1987

Ralph **Giordano**, Die Traditionslüge – Vom Kriegerkult in der Bundeswehr, Köln 2000

Joseph **Goebbels**, Die Tagebücher, Band 2 Teil 1, München 1987

Emil Julius **Gumbel**, Vier Jahre politischer Mord, Berlin 1922

Emil Julius **Gumbel**, Vom Fememord zur Reichskanzlei, Heidelberg 1962

Emil Julius **Gumbel**, Auf der Suche nach Wahrheit, Berlin 1991

Generaloberst **Halder**, Kriegstagebuch, Band II, Stuttgart 1963

Ulrich **Herbert**, Geschichte der Ausländerpolitik in Deutschland, München 2001

Stephan **Hirzel** (Hg.), Grab und Friedhof der Gegenwart, München 1927

Christoph Wilhelm **Hufeland**, Über die Kriegspest alter und neuer Zeit mit besonderer Rücksicht auf die Epidemie des Jahres 1813 in Teutschland, Berlin 1814

Adolf **Hüppi**, Kunst und Kult der Grabstätten, Olten 1968

Michael **Hütt** / Hans-Joachim Kunst / Florian Matzner / Ingeborg Pabst (Hg.), Unglücklich das Land, das Helden nötig hat, Marburg 1990

Jahrbuch für westdeutschen Landesgeschichte, 7. Jg., Koblenz 1981

Marlis **Kaltenbacher**, Ein Rädchen im Getriebe, Berlin 1995

Harry Graf **Kessler**, Tagebücher 1918-1937, Frankfurt am Main 1979

Ruth **Klüger**, Von hoher und niedriger Literatur, Göttingen 1996

Heinz **Knobloch**, Der arme Epstein – Wie der Tod zu Horst Wessel kam, Berlin 1993

Eugen **Kogon**, Der SS-Staat, Frankfurt am Main 1958

Theodor **Körner**, Leyer und Schwerdt, Wien 1814

Der **Krieger** Ruhestätte – Gesammelte Erzählungen und Volkslieder, Berlin 1844

Ekkehart **Krippendorff** / Markus Euskirchen / Arend Wellmann, 100 Tage Militär: exemplarischer Tätigkeitsbericht über das älteste und größte Gewerbe der Welt, Bremen 2000

Jacob **Kronika**, Der Untergang Berlins, Flensburg, Hamburg 1946

Kunstdienst (Hg.), Friedhof und Grabmal, Berlin 1937

Klaus **Latzel**, Vom Sterben im Krieg, Warendorf 1988

Meinhold **Lurz**, Kriegerdenkmäler in Deutschland, 6 Bände, Heidelberg 1985-1987
Klaus von **Lutzau**, Heldengedenktag in heldischer Zeit, Maschinenschrift autogr., o.O., o.J. [Berlin 1940]
Wilfred **Mairgünther**, Morbus Hitler – Ein Essay, Kiel 1989
Hans **Martin**, Der Ehrenfriedhof in der Hasenheide, in: Mitteilungen
Karl **Marx**, Der achtzehnte Brumaire des Louis Bonaparte, Leipzig 1974
Hans-Jürgen **Mende**, Lexikon Berliner Grabstätten, Berlin 2006
Mitteilungen des Vereins für die Geschichte Berlins, Band 41, Berlin 1924
Generaloberst Helmuth von **Moltke**, Erinnerungen – Briefe – Dokumente 1877-1916, Stuttgart 1922
George L. **Mosse**, Gefallen für das Vaterland – Nationales Heldentum und namenloses Sterben, Stuttgart 1993
Friedrich **Nietzsche**, Kritische Studienausgabe, Band 3, München 1999
Lotar **Olias**, Klavieralbum, Folge 1, Die besten Lieder meines Lebens aus den 50er / 60er Jahren, Hamburg 1983
Kurt **Pätzold** (Hg.), Verfolgung – Vertreibung – Vernichtung – Dokumente des faschistischen Antisemitismus 1933 bis 1942, Leipzig 1983
Johannes **Penzler** (Hg.), Graf Bülows Reden nebst urkundlichen Beiträgen zu seiner Politik, Band 1, Leipzig 1903
Georg Heinrich **Pertz**, Das Leben des Ministers Freiherrn vom Stein, Dritter Band (1812-14), Berlin 1851
Thomas Peter **Petersen**, Die Geschichte des Volkstrauertages, Kassel 1998
Stephan **Pflicht**, Musical-Führer, Mainz 2001
Karl **Plumeyer**, Beiträge zur Geschichte der Berliner Garnisonfriedhöfe, in: Mitteilungen
Reinhard **Pozorny** (Hg.), Deutsches National-Lexikon, München 1998
Fred K. **Prieberg**, Handbuch Deutsche Musiker 1933-1945, Auprès des Zombry 2004 (CD-Rom)
Der **Prozess** gegen die Hauptkriegsverbrecher vor dem Internationalen Militärgerichtshof Nürnberg, Band 29, Urkunden und anderes Beweismaterial, Nürnberg 1948
Arnold **Rabbow**, dtv-Lexikon politischer Symbole, München 1970
Sven **Reichardt**, Faschistische Kampfbünde – Gewalt und Gemeinschaft im italienischen Sqadrismus und in der deutschen SA, Köln, Weimar, Wien 2002
Hans J. **Reichhardt** / Wolfgang Schäche, Von Berlin nach Germania, Berlin 1998
Friedrich Wilhelm von **Rieben**, Geschichte des Königlich Preußischen Kaiser Franz Garde-Grenadier-Regiments Nr. 2, Band 2, Berlin 1914
Friedrich Wilhelm von **Rieben**, Kaiser Franz-Garde-Grenadier-Regiment Nr. 2, Oldenburg, Berlin 1929
Rudolf **Rocker**, Nationalismus und Kultur, 2 Bände, Zürich 1976
Christian **Saehrendt**, Der Stellungskrieg der Denkmäler – Kriegerdenkmäler im Berlin der Zwischenkriegszeit (1919-1939), Bonn 2004
Kurt **Schilde** / Johannes Tuchel, Columbia-Haus – Berliner Konzentrationslager 1933-1936, Berlin 1990
Percy Ernst **Schramm** (Hg.), Die Niederlage 1945 – Aus dem Kriegstagebuch des Oberkommandos der Wehrmacht, München 1962

Erich **Schuppan** (Hg.), Sklave in euren Händen – Zwangsarbeit in Kirche und Diakonie Berlin-Brandenburg, Berlin 2003

Karl-Robert **Schütze**, Von den Befreiungskriegen bis zum Ende der Wehrmacht – Die Geschichte des Garnisonfriedhofs am Rande der Hasenheide in Berlin-Neukölln, Berlin 1986

Gräfin Sophie **Schwerin**, Vor hundert Jahren, Berlin 1909

Senator für Sozialwesen und Presseamt des Senats von Berlin (Hg.), Ihr trugt die Schande nicht – Ihr wehrtet Euch, Berlin (West) 1953

Reiner **Sörries** (Hg.), Vom Reichsausschuss zur Arbeitsgemeinschaft Friedhof und Denkmal, Kassel 2002

Carl-Peter **Steinmann**, Von wegen letzte Ruhe!, Berlin 2001

Wolfgang **Storch** (Hg.), Die Nibelungen – Bilder von Liebe, Verrat und Untergang, München 1987

Christian **Streit**, Keine Kameraden – Die Wehrmacht und die sowjetischen Kriegsgefangenen 1941-1945, Stuttgart 1978

Klaus **Theweleit**, Männerphantasien, 2 Bände, Frankfurt am Main 1978

Klaus **Theweleit**, Das Land, das Ausland heißt, München 1995

Hugh **Thomas**, Der spanische Bürgerkrieg, Frankfurt am Main, Berlin 1961

Willi **Trubach** (Hg.), Die Soldaten der neuen Zeit! 1933-1934 – Sammlung neuester nationaler Lieder und Dichtungen mit Notenbeispielen, Berlin o.J. [1934]

Gerd R. **Ueberschär** / Wolfram Wette (Hg.), Der deutsche Überfall auf die Sowjetunion »Unternehmen Barbarossa« 1941, Frankfurt am Main 1984

Karl August **Varnhagen** von Ense, Tagebücher, Vierter Band, Leipzig 1862

Volksbund Deutsche Kriegsgräberfürsorge e.V. (VDK e.V.) (Hg.), Der Volksbund Deutsche Kriegsgräberfürsorge als Bund des deutschen Volkes, Berlin o.J. [1939]

VDK e.V. (Hg.), Den Gefallenen – Ein Buch des Gedenkens und des Trostes, München, Salzburg 1952

VDK e.V. (Hg.), 40 Jahre Volksbund Deutsche Kriegsgräberfürsorge, o.O., o.J., [Kassel 1959]

VDK e.V. - Landesverband Berlin (Hg.), Für den Frieden – Gedenkstätten und Gräber der Opfer von Krieg und Gewaltherrschaft in Berlin, Berlin 2000

Gustav Berthold **Volz** (Hg.) Die Werke Friedrichs des Großen, Band 7, Berlin 1913

Klaus **Vondung** (Hg.), Kriegserlebnis, Göttingen 1980

Harald **Welzer**, Klimakriege, Frankfurt am Main 2008

Alfred **Westphal**, Das Deutsche Kriegervereinswesen, seine Ziele und seine Bedeutung für den Staat, Berlin 1903

Wolfram **Wette** (Hg.), Der Krieg des kleinen Mannes, München 1992

Wolfram **Wette**, Die Wehrmacht, Frankfurt am Main 2002

Zentralinstitut für Sepulkralkultur Kassel, Reiner Sörries (Hg.), Großes Lexikon der Bestattungs- und Friedhofskultur, Teil 1: Volkskunde, Kulturgeschichte, Braunschweig 2002

Hasko **Zimmer**, Auf dem Altar des Vaterlands, Frankfurt am Main 1971

Stefan **Zweig**, Die Welt von gestern, Frankfurt am Main 1996

Abbildungsverzeichnis:

Alle Fotografien ohne Herkunftsnachweis sind von Arndt Beck.

Harnack zwischen 1940 und 1943 anlegte. Genaueres dazu siehe: Andreas Matschenz, Ernst von Harnack und die Berliner Gräberkartei, in: Berlin in Geschichte und Gegenwart – Jahrbuch des Landesarchivs Berlin, Jürgen Wetzel (Hg.), Berlin 1992, S. 469-476

S. 99 oben: *Illustrierter Beobachter*, Nr. 30, München, 23. Juli 1932, S. 698 (Beerdigung von Hans Steinberg)

unten: *Illustrierter Beobachter*, Nr. 34, München, 20. August 1932, S. 786 (Beerdigung von Fritz Schulz)

S. 100 aus: Julek Karl von Engelbrechten, Eine braune Armee entsteht, München 1937, S. 407 (Hitler am Grab von Herbert Gatschke)

S. 101 oben: *Illustrierter Beobachter*, Nr. 3, München, 21. Januar 1933, S. 57 (Marsch zur Beerdigung von Walter Wagnitz)

unten: *Illustrierter Beobachter*, Nr. 4, München, 28. Januar 1933, S. 75 (Marsch zur Beerdigung von Erich Sagasser)

S. 102 oben: aus: Adolf Ehrt / Hans Roden, Terror – Die Blutchronik des Marxismus in Deutschland, Berlin 1934, S. 96 (Leiche von Hermann Thielsch),

unten: ebenda, S. 119 (Leiche von Fritz Schulz)

S. 103: ebenda, S. 118 (Leiche von Herbert Gatschke)

S. 110 Denkmal des Königin Augusta Garde-Grenadier-Regiments Nr. 4, Januar 2001

S. 111 LAB, Fotosammlung, Nr. 223 644, Repro: Archiv Karl-Robert Schütze

S. 112 *Der Friedhof*, Nr. 12, Berlin, Dezember 1941, S. 90, Bildunterschrift: »Die großzügige Neugestaltung des Weltflughafens Tempelhof bedingte eine teilweise Verlegung der Grabstellen des Garnisonfriedhofes. Nördlich und östlich des erhaltengebliebenen Teils des Garnisonfriedhofes ist Platz geschaffen worden für die Anlage eines neuen Heldenfriedhofes.«

S. 115 Grabstein von Fritz Schleif, Januar 2007

S. 117 Eingang zum Friedhof Lilienthalstraße, November 2007

S. 120 Standortfriedhof Lilienthalstraße 1942, Foto: Ruth Kalabinsky, Archiv Joy Charly Görsch

S. 130 oben: Archiv Volksbund Deutsche Kriegsgräberfürsorge (VDK e.V.), Landesverband Berlin, undatiert (Beschriftung: »Verwahrloste Reihengräber von Gefallenen aus der Zeit des Zusammenbruchs auf dem Standort-Friedhof Berlin, Lilienthalstr.«)

unten: VDK e.V, Landesverband Berlin, undatiert (Friedhof Lilienthalstraße)

S. 133 *Kriegsgräberfürsorge*, Nr. 10, Berlin, Oktober 1934, S. 147 (Spendenaufruf des VDK e.V.; zur Spendensammlung hing das Logo als Großplakat an der Münchener Feldherrnhalle, siehe: *Kriegsgräberfürsorge*, Nr. 11, Berlin, November 1934, S. 161

S. 136 oben: Archiv VDK e.V., Bundesgeschäftsstelle Kassel, Juni 1959

unten: Archiv VDK e.V., Bundesgeschäftsstelle Kassel, Juni 1959, (beide Bilder: Kranzniederlegung zum Bundesvertretertag des Volksbunds)

S. 139 Denkmal der 3. Panzer-Division Berlin-Brandenburg, November 2007

S. 141 oben: Archiv VDK e.V., Landesverband Berlin, 1955 (Kranzniederlegung zum Volkstrauertag, Pfadfindergelöbnis)

unten: Archiv VDK e.V., Bundesgeschäftsstelle Kassel, undatiert (Silberkranz von Ludwig Gies)

S. 142 Friedhof Lilienthalstraße, November 2003

S. 143 Kranzniederlegung zum Volkstrauertag, November 2006

S. 145 links: »Den Toten im Osten«, Gedenkstein von 1957, August 2008

rechts: »Gegen Krieg und Gewalt«, Gedenkstein von 2001, August 2008
S. 147 Foto: Max Howy, Oktober 1946, entstanden im Auftrag der Alliierten, Repro: Archiv Karl Robert Schütze
S. 148 Kranzschleife von *Der Stahlhelm e.V.* vor dem Denkmal des Königin Augusta Garde-Grenadier-Regiments Nr. 4, November 2004
S. 150 ›Luckner‹-Kreuz, August 2008
S. 151 Kranzschleifen vor dem ›Luckner‹-Kreuz, November 2004
S. 152 Kranz vor dem Denkmal des Kaiser Alexander Garde-Grenadier-Regiments Nr. 1, Januar 2001
S. 153 Mitgliederverzeichnis der Ordensgemeinschaft der Ritterkreuzträger, Berlin 1998, Rück- und Vorderseite, Repro: Antifaschistisches Pressearchiv und Bildungszentrum Berlin e.V. (apabiz)
S. 154 Zentrale Feier am ›Luckner‹-Kreuz zum Volkstrauertag, November 2007

Für die freundliche Genehmigung zum Abdruck der Bilder bzw. dem Bereitstellen der Vorlagen danken wir: Antifaschistisches Pressearchiv und Bildungszentrum Berlin e.V. (apabiz), Bundesarchiv, Joy Charly Görsch, Landesarchiv Berlin, Karl-Robert Schütze, Volksbund Deutsche Kriegsgräberfürsorge, Landesverband Berlin und Bundesgeschäftsstelle Kassel.

Personenregister: